地方自治体における
新時代の管理監督者

杉本芳輝 著

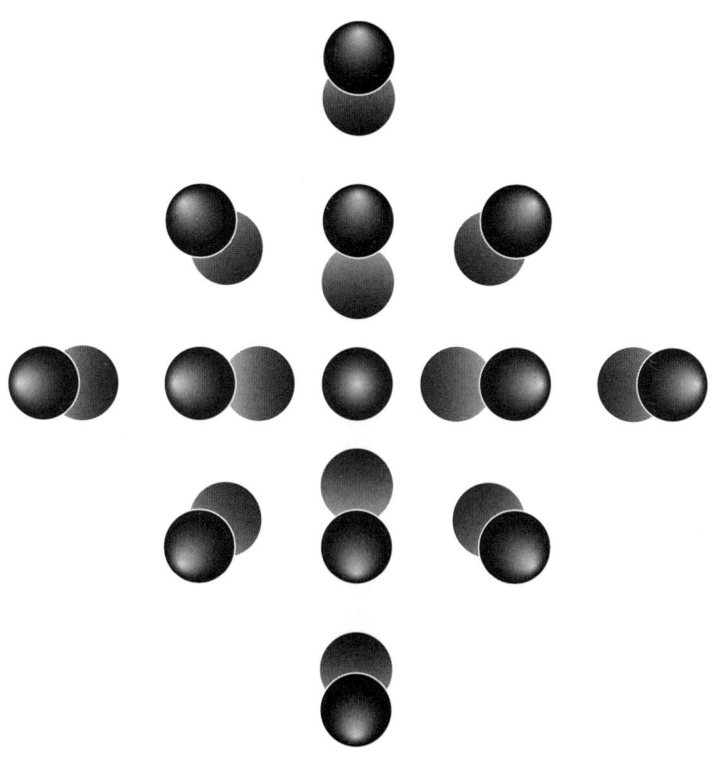

東京法令出版

はしがき

　行政を巡る環境が急速に変化するなかで、地方自治体の管理監督者に求められるものは何か、という問題意識を持って考えたのが本書である。わずかで狭い範囲の経験ではあるが、私の率直な思いを基に整理したつもりである。

　第1部は環境の変化のなかで変わってこざるを得ない側面に、第2部では管理監督者の変わらない基本に光を当てている。最後の第3部では自らを律することをまとめとしている。

　管理監督者ともなれば、人の意見を有り難く拝聴するのは形の上だけで、関心があるところについては自ら調べ、確かめて自分のものにされるべきであろう。したがって本書でも、用語の説明にとどまらず、関連するところでは先人の理論なども自ら確かめる手がかりとなるようなコラムを設けている。原典に当たることは、先駆者の思いに接することができる貴重な機会であるので、本書を機に、自ら図書館ででも触れていただければ幸いである。

　カタカナが氾濫（はんらん）するビジネス書を見るにつけ、次から次へと目新しいものが提案される反面、一日の過半を過ごす職場における自分なりの生き方や働きがいをどう見いだしていくのかといったことには、なかなかつながらないといった思いが強い。情報化の進展で、職場でも目の前にパソコンが陣取るようになったとはいえ、その先には人がいるわけであるし、管理監督者は特に人を相手にするのが中心である。その一点は常に変わらないものとして見据えておきたい。本書は文学や哲学の領域に入る意図を持つものではないが、人は様々であると同時に、人はいつまでも人であることを見据えるべきと考えている。その基盤が変わらない限り、環境が変化し、新しい対応が求められれば

求められるほど、「自らが実践する管理監督の基本が問われるべきである」という思いを基調にし、これからの行政を、そして我々公務員の足許（あしもと）を見つめてみたつもりである。

　管理監督者が、新しさにひかれてよしとしたり拒絶するのではなく、新旧にかかわらず自分に取り入れられるものを見いだせる自分なりの座標軸を固めていくために、本書が少しでも参考になれば幸いである。

　本書の執筆に当たっては、人事院における大先輩である鈴木伸一氏、正木勝秋氏との日常的に持つことができた刺激的な会話が大きな支えとなった。また本書の刊行に当たっては、東京法令出版の天野洋一、梶孝弘の両氏より格段の助力を頂いた。ここに厚くお礼を述べたい。

　　2000年6月25日

　　　　　　　　　　　　　　　　　　　　　　　杉本　芳輝

目　次

第1部　これからの管理監督者に求められるもの

第1章　変化の時代の管理監督者
- 第1節　変わる環境のなかで……………………… **2**
  - 変化の時代
- 第2節　係長と課長の役割……………………… **8**
  - 組織とは／組織目標／管理監督者と組織目標／良いサイクルと悪いサイクル／係長の役割／課長の役割／変わっていく役割

第2章　情報化と多様化
- 第1節　情報化時代の自己啓発 ……………… **16**
  - 情報化のスピード／仕事における情報の重要性／情報洪水への対応／情報ツールとの付き合い方
- 第2節　情報ツールとの付き合いいろいろ …… **30**
  - ワープロとの付き合い／メールとの付き合い／インターネットとの付き合い／イントラネットとの付き合い／表計算との付き合い／データベースとの付き合い
- 第3節　組織としての取組と発信 ……………… **45**
  - 組織と社会に与えるインパクト／組織としての情報化への対応について／組織風土への同化／求められる発信／セキュリティ
- 第4節　異文化への対応 ………………………… **62**
  - 多様性の許容／組織内での多様性／社会における多様性

第3章　政策形成と住民中心の視点
- 第1節　政策形成 ………………………………… **69**
  - 制度から一歩踏み出して／行政のプロとし

目　次

　　　て／政策形成のプロへ／政策形成のポイント／プロの育成／政策形成の技法
　第2節　住民中心の視点 …………………… *83*
　　　何のための政策か／行政の原点／過保護行政からの脱皮／現場に耳を傾ける
　第3節　開かれた行政への動き …………… *87*
　　　求められる透明性／情報公開への対応／アカウンタビリティ／評価される行政を目指して／自律する管理監督者

第2部　管理監督者の基本

第4章　マネージメント

　第1節　変わらない基本 …………………… *96*
　第2節　管理の過程 ………………………… *98*
　　　管理の過程の実際／計画のポイント／実施のポイント／評価のポイント／どこにも見いだせる管理の過程
　第3節　部下の参加 ………………………… *107*
　　　自らの問題にする／参加の効用／参加のさせ方
　第4節　コスト意識 ………………………… *111*
　　　希薄なコスト意識の背景／コストを意識する
　第5節　問題解決 …………………………… *120*
　　　仕事は問題か／問題を見つける／問題解決の手順／管理の過程との共通性
　第6節　改善から改革へ …………………… *128*
　　　改善と改革の違い／改善の特徴／改革への取組／改革の手順／改善か改革か

第5章　リーダーシップ

　第1節　部下の理解と動機付け …………… *134*
　　　人を動かすために／リーダーシップスタイル／状況に応じて／部下を理解して／動機付けを与える
　第2節　意思決定 …………………………… *150*
　　　問題解決から意思決定へ／時間感覚を大事に／冷静な判断のために／意思決定のレベルを上げるために／危機管理の心構え／予

防のために／危機対応体制

第6章　コミュニケーション

第1節　情報の活用 ……………………… *163*
コミュニケーションから／情報の収集／情報の分析・統合／情報の共有／情報の発信

第2節　周囲とのコミュニケーション ………… *178*
対人能力としてのコミュニケーション／コミュニケーションの基本／部下との対話／上司との対話／関係部局との対話

第3節　職場環境への配慮 ……………… *187*
職場風土／インフォーマルグループ／自由な雰囲気を作る／相互尊重

第7章　部下の育成と指導

組織としての取組 ……………………… *191*
何のための人材育成か／採用から始まる部下の育成／人材育成の方法／中心は自己啓発／組織との共同歩調／ＯＪＴへの取組／機会を捉える／ＯＪＴの方法／計画的に進める

第3部　意識改革への取組

第8章　自己啓発

第1節　生涯自己啓発 …………………… *204*
これまでもこれからも／精神的若さの保持

第2節　実践につなげる ………………… *207*
自分で見つけ、実行する／逆境で活きる

第3節　求められる倫理観 ……………… *209*
プロとしての倫理観／一住民としての倫理観／行政を担うものとしての倫理観／倫理観は作り上げていくもの／自分の顔を持つ

第 1 部

これからの管理監督者に求められるもの

第1章　変化の時代の管理監督者

第1節　変わる環境のなかで

　社会経済環境の変化、特にそのスピードの速さの影響を、従来より以上に管理監督者は受けている。同時に、公務ではその変化への対応が職務の中心課題でもある。

♣変化の時代

　変化の時代といわれて久しい。初めて採用されたときの職場と今の職場を比べるだけで大きな変化がある。ガリ版刷りや湿式複写がPPCコピーに、起案も2行ごとに1行空けるようにした手書きからワープロ、それもパソコンのソフトによるものに、といろいろである。これらは、「単に便利になりました」というだけでなく、仕事の進め方そのものにいろいろな形で影響を及ぼしている。

　一方、行政が、特に地方自治体が行政サービスを提供していく地域社会、住民も大きく変わってきている。地域にもよるが、高齢化や過疎化、周辺地域との関係といった社会環境に加え、経済の変化に伴う産業の盛衰、雇用環境といった行政が関心を持つべき分野での変化については事欠かない。むしろ、このような変化に追われながら走ってきたともいえるかもしれない。

　組織も仕事の対象も大きく変化するなかで、管理監督者に求められる役割や知識・能力は何なのかを考えていこう。

変わるのは当たり前

　変化といってもいろいろある。来るべくして来る変化がある。典型的なのが、人口構成の変化によるものである。例えば、戦後のベビーブーム世代といわれるその前後の世代に比べて人数の大きい集団が、学校教育を受ける時代、就職する時代、働き手として活躍している時代へと進むにつれて、学校施設の拡充が必要になったり、大量採用が一般になったり、職場でのポストが足らなくなったりと、いろいろな変化を引き起こしてきている。しばらく前から高齢化の問題は大きく取り上げられてきて、いろいろな対策が講じられてきているが、これも来るべくして来た変化である。平均寿命がここまで延びるとか、出生率がここまで落ち込むとは思われなかったとしても、時代のすう勢で、避けられないものであろう。変化があって当然なのである。

　戦後、社会のいろいろな面で、拡大する方向の変化が主流であったことから、変化への対応がややもすると一面的になってきていたともいえよう。しかしながら、拡大の後には縮小が控えている。バブルがはじけた後の状況をみると、景気の面では当然のことが、組織・制度としては受け入れ難かったといえよう（次頁「パーキンソンの法則」参照）。特に行政は、法に基づく制度を運用しているという側面もあり、硬直的にならざるを得ない。昨今の行政改革が求められる所以の一つである。

　行政は、地域社会が相手であり、そこでは当然のごとく変化が起こっているのである。今更変化の時代だというまでもなく、少なくとも来るべくして来る変化には当然のごとく対応していくのが行政を担う者として当たり前の責務であろう。そのため、管理監督者としては、地域社会、さらにはそれを取り巻く周囲（我が国全体、広くはアジアや世界）について、大きいが当然起こる変化にはアンテナを張ってお

かなければならないし、仕事上も念頭に置いておく必要がある。

> **パーキンソンの法則**
>
> 　大量生産時代が花咲くなか、ビューロークラシーのもたらす問題点が議論になり始めたころに、C.Nothcote Parkinsonは「パーキンソンの法則」(1958年)を発表した。この法則は、仕事の達成に利用可能な時間を埋めるために仕事は拡大するという単純なもので、その結果、拡大が利益をもたらさなくとも企業は拡大し、人々は忙しくなる。また「役人はライバルではなく部下を増やそうとし、互いのために仕事を作るようになる」と喝破している。
>
> 　彼の法則は、1914年から1928年にかけて、イギリス海軍の戦艦の数は67％、軍人の数は31％減っているのに、海軍省の役人は78％も増えている事実の裏付けによって生まれた。スタッフの自己拡大の性向を明らかにしたものといえよう。
>
> 　彼は、特定の仕事は達成のために最適の時間があるという考えに対して、そこには何の法則もなく、仕事をしている個人と置かれた状況によることを指摘している。特に、歳をとって元気をなくし、働き過ぎと感じている哀れな役人には、辞めるか、同僚と仕事を半分ずつにするか、複数の部下を要求するかの三つの道しかなく、過去の歴史をみると最後の選択肢を選んできている、と彼は考えた。
>
> 　彼は解決の道を示してはいない。鋭い観察に基づいた職場の暗い面の指摘であるともいえよう。行政改革が叫ばれる今日、行政組織に任せていては進まないとの意見もこの延長線上にある。

変化のスピードが対応の質を変える
―外なる変化が内なる変化をもたらす―

　昔から社会は変化しているのに、なぜ今「変化の時代」が強調されるのであろうか。55年体制の終焉とか、戦後に始まった制度疲労の結果とかいわれ、変化が求められている側面もあろう。しかし一番の特

徴は、変化のスピードが上がっていることである。

　これは一つに、「大きいことはいいことだ」の時代から「重厚長大から軽薄短小へ」「ソフト化時代の到来」といわれる流れのなかで、農業より重工業が、重工業よりサービス産業やソフト産業の方がよりリードタイム（先行する助走期間）が少なく、新しいものに飛びつくことができるためでもある。また、マスメディアの普及から全世界をつなぐネットワークへの拡大といったような、情報伝達のスピードアップとグローバル化がその変化の広がりを加速させている。

　民間企業であれば、得意とする分野で自ら変化を先取りすることで、このような時代に対応していく道を模索するのであろう。同様に、行政自体も自ら変化を先取りしてもよいのであろうが、民間と違って、行政は地域社会にかかる幅広い守備範囲を持っているため、社会的に大きな影響を与えそうな変化を早期に察知して対応することが求められている。したがって、変化のスピードが速くなればなるだけ、民間は新しいチャンスが増えるのに対して、行政にはより機動的な対応がいろいろな分野で求められることになる。行政全体に対する負荷は増す一方である。そして、「これまでどおりの枠組みとやり方では無理ではないのか」「これまでのやり方をより効率的にするだけでは対応しきれないのではないのか」といった疑問が生じてくる。国に限らず地方自治体でも進められている行政改革は、財政危機を背景とした減量経営の要請が大きくあるにしても、これまでの枠組みとやり方に対する大きな見直しを求めているものと捉えるべきである。もはやこれまでのように、蓄積した経験や技術が無条件にプラスの評価をされるとは限らない。むしろ、「成功体験を持っている人ほど、現状維持になりやすく変化には後ろ向きの対応しかできない」との議論があるくらいである。職務に精励して成果を上げてきた管理監督者も、これから何ができるのか、何をするのかを示すことが求められている。

行政改革など従来の制度を変えていく取組は、国やそれぞれの自治体で異なってこようが、組織の単位を率いる管理監督者がこれらを正面から受け止めて、答えを出していく努力があって初めて、その成否が決まるともいえる。経験の延長がそのまま将来における正しい答えとならなくなっていく状況で、よりよい対応を求めていかなければならない。外なる変化が（管理監督者の）内なる変化を求める所以である。

基本に立ち戻る

「極論すると、仕事の遂行は問題解決の取組そのものである」ともいわれる。変化のなかで管理監督者が感じる戸惑いは、採用されたばかりの職員が、一部とはいえ組織の問題解決にかかわり始めたときの戸惑いと相通じるものがある。当時は、先輩や上司が取組への姿を見せてくれたり、手取り足取りで指導されたり、厳しく注意されたりなどするうちに、自然と身につけてきた向きも多いのであろう。その後も、新しい問題に取り組むたびに、以前にとった対応そのままではなく、それなりに状況に応じて自分なりに工夫してきたはずである。そのような工夫がなくて成功体験などあり得ない。

成功体験の適用が難しくなったとしても、これまでに職務を通じて身につけたものが無駄であるというわけではない。行政の内も外も環境が変わったということから求められるのは、身につけたものを活かせるよう、もう一度咀嚼し直すことである。そして、新しい時代に適用できる基本を意識的に形成していくことである。第2部「管理監督者の基本」では、これまでに蓄積されたマネージメントや行動科学等の知見も交えながら、この点を議論していくこととしている。

もう一つの基本は、公務員本来の使命、ひいては地方自治本来の使命である。「誰のための、何のための行政なのか」といった問いかけが従来以上に重要となっている。新しい時代だからといって、どこか

に新しい理論や考え方があるのではない。新しい時代だからこそ、まず仕事の進め方も、仕事の内容も、基本に立ち戻る。そして基本を新しく作り上げていくことが、これからの管理監督者に求められている。自らのよって立つ基本がしっかりとし、自信が持てたとき、若い人などから発信される新しいアイデアや発想を聴く余裕ができ、それを自らのチームとしてまとめて組織に貢献する形に昇華させることができる。自らの基盤をなおざりにして新奇なものを追っても、若い人にはついていけず、若い人を束ねることができない。このことを念頭に、次は職位による管理監督者の違いをみていこう。

第2節　係長と課長の役割

　自ら率いるチームのマネージメント、自ら属する組織への貢献、住民・地域社会へのサービスというそれぞれの面で、係長と課長の役割は共通しつつも、より上位の立場になるほど、任せること、バランス感覚、現場との密接感の維持が重要となる。

♣組織とは

　職位による管理監督者の違いをみる前に、職位の位置付けられる組織について簡単に整理しておこう。

　組織とは、「ある目標を達成するために、複数の者が協働していく集合体」（JST：人事院式初任監督者研修）という形で人が集まって何かするものとされたり、「共通の組織目的を達成するために、2人以上の人間が特殊化するとともに、相互に調整された合理的な人間行動のシステム」（『経営学大辞典』）といったようにシステムを指したり、B.サイモンのように「人間の集団内部でのコミュニケーションその他の関係の複雑なパターン」（『経営行動』p.15）を指したりと、様々である。

　いずれにせよ、どのような視点から、何を引き出すために組織にアプローチするかによってその定義が異なるわけである。ここでは行政組織における管理監督者の役割を見つめ直すことが目的であるから、管理監督者の視点からはそれぞれの時点で自ら率いるチームを動かすということが中心となる。したがって、組織とは「ある目的遂行のため構成される人々の集まり」と考えることとする。

♣組織目標

　ここで重要なのは、組織にはその目的が設定されていることである。

行政の場合は、最も抽象的には「公共の福祉の増進と安全の確保」であるが、各部局にはそれをブレークダウンして、それぞれの役割範囲と責務が規定されている。分掌規定がその詳細の最たるものであろう。いざ実際、職場での仕事を計画していくとき、いちいち分掌規定をひっくり返すことはまずない。他の部局とも微妙にかかわる問題で、これはどっちの責任かという面からひっくり返されることがあるとしても、どうすればよいかということには一般的に答えるものではない。

組織として定義した意味での組織目標が何かは、組織規程上どうであるかで完全に決まるものではない。法や条例などがベースにあるにせよ、首長や上司の指示、議会の意見や住民の声などが複合して、(その時点の)組織目標を形作っているというのが実態であろう。そして係長や課長などの管理監督者にとっては、関係する法と首長や上司の指示によって目標へ至る方向は規定されることになる。

地方自治体では、組織の目標は法に規定されていたり、首長から与えられたりすることになる。一方、行政の働きかける対象は住民であり、その間を行政組織がつなぐことになる。もちろん、選挙に際して直接に首長を選んだり、議員を選ぶという形で住民の声も反映される。しかし、日常的には住民ニーズも踏まえ吸収していく行政活動が重要となる。ここに行政が政策提案を行う基盤がある。そして同時に、決まった政策の執行＝サービスの提供という働きかけも行う主体である。

♣管理監督者と組織目標

「係長になったら、課長になったくらいの見方を持って仕事を進めろ」ともいわれるように、より上の役職段階の立場で考えることも大切である。これは、組織目標に向かって統合するための調整の重要性が、より上位の役職者には求められ、それを踏まえた対応がそれぞれの役職段階に応じて行われれば、円滑かつ有効に組織が動くこととな

るからである。組織目標に対する管理監督者の働きかけには次のようなものがある。

①目標を伝える

　これは、一般の職員からみれば、管理監督者は組織目標を伝えてくれる立場にある人ということである。首長の言動や議会での議論、マスコミ報道などの情報は、当然一般の職員も知っており、漠然とはしながらもそれなりの組織目標のイメージを持っているものである。そのなかで、係長は係として、課長は課としてブレークダウンした組織目標を示していく必要がある。

②目標を形成する

　管理監督者も課長クラスになると、組織目標の形成にも大きく影響を持つようになる。首長や部長など大きな方向性を決めるレベルに対して、組織目標を達成する立場としての提言を求められている。上からみれば、目標形成の過程にもっと建設的かつ積極的にかかわってほしいと考えるものである。そして、冒頭のような忠告が生まれる。

　なお、行政組織における組織目標の形成の最たるものといえる政策の形成については、第3章で議論する。

③目標を達成する

　管理監督者は実行部隊のリーダーでもある。部下を率いて目標を達成していくことが大きな役割となる。係や課レベルで遂行すべき具体的な目標が立てられたり、解決すべき問題が設定されれば、あとはマネジメントの問題となる。ルーチンも含め、目標達成や課題解決ともなる業務の遂行が「できる」係長や課長の最低条件となる。このような業務遂行にかかるマネジメントの問題は、第4章で扱うこととしている。

部下を率いるという点では、係長と課長には大きな差がある。それ

は、直接に指示・命令して部下を率いる係長と、課の下に幾つかの係や班があって係長などを通して課を動かしていく課長との違いである。冒頭の「係長になったら、課長になったくらいの見方を持って…」と対比させれば、「課長は係長のときのように振る舞っては困る」のである。

♣良いサイクルと悪いサイクル

　目標の伝達・形成・達成といった管理監督者の役割の発揮を考えるとき、「良いサイクル」と「悪いサイクル」の可能性がある。

　「良いサイクル」とは、係長・課長といった管理監督者が、積極的に目標形成にかかわり、目標をより実現可能性の高いものとする働きかけがされることに始まる。自らがかかわったという意識から、目標自体がより自分自身のものとなり、伝達やブレークダウンに当たっても無理がないものとなる。それゆえ人にしっかり伝わり、人を動かし、結果として達成により結びつきやすくなる。

　「悪いサイクル」とはこの逆で、目標形成の段階で「これはちょっと実現が難しい」「実態を十分に踏まえたものではない」などの思いを殺して、「決まったものだから仕方ない」として始まるものである。自らが納得しきれていない状態で目標を伝達しても、部下も納得できず、ひいては目標の達成は（最初から難しい上に、更に）難しくなってしまう。

　管理監督者として、「良いサイクル」を回すための責任は、役職段階が上位の課長の方により重くなる。「頑張れ、頑張れ」と号令をかけ、尻をたたくのは、その役割のごく一部で、むしろ全体の状況をみて「撤退」を指示できるのが、そして指示しなければならないのが管理監督者の役割である。

第1章　変化の時代の管理監督者

> **良いサイクル、悪いサイクル**
>
> 　ある時点の状態Q_iが次の時点の状態Q_{i+1}になるとき、ある価値尺度でみて、それが次々により良く（高い価値）なっていく過程を「良いサイクル」、逆に次々に悪化していく過程を「悪いサイクル」という。
>
>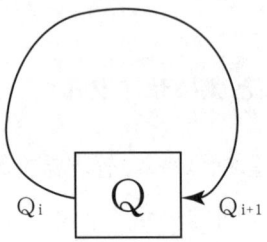
>
> 　価値尺度の変化に着目し、ある時点の状態が直前の時点の状態に最も影響を受け、その受ける割合をxとすれば、$x>1$ならば次々に増加していき、$x<1$ならば０に近づいていく。もっとも、現実には一定の割合で変化するわけではなく、様々な挙動が考えられ得るが、良いサイクルをもたらす環境が維持されることの重要性は変わらない。また、スピードが速くなっている環境下では、悪いサイクルに入ったときの対応の遅さが命取りになりかねないことに注意する必要がある。
>
> 　システム工学では、最初の変化が呼び水になって次々と増加していく過程のことを「ポジティブ・フィードバック・ループ」と呼び、変化があってもその影響は消えていく過程を「ネガティブ・フィードバック・ループ」と呼んでいる。
>
>
>
> ポジティブ・フィードバック・ループ　　ネガティブ・フィードバック・ループ
>
>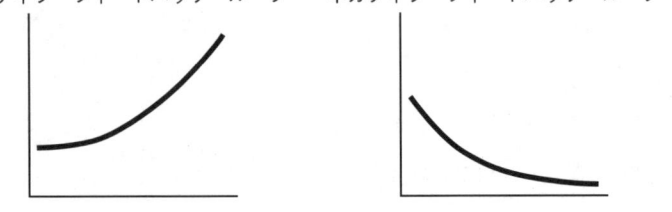

♣係長の役割

　管理監督者と組織目標の関係をみてきた。係長も管理監督者である

以上、目標達成に向けて一定の役割が求められるのであるが、特に、そのなかで係長に期待される大きな役割は、次のようなものである。

①目標を達成する

　　これは、係を率いるリーダーとしての役割である。「自分が仕事をしっかりできる」から「部下とともに仕事をしっかりできる・させる」に、まずなる必要がある。

②係長なりの目標形成への貢献

　　最も現場に近い管理監督者として、部下からの情報も踏まえ、目標形成に有用な現場情報や現場感覚を発信することである。

♣課長の役割

より上位の役職段階からみれば、課長に期待される役割も、係長のそれと同じであるといってもよい。しかし、係長と違って、課長だからこそより意識すべき役割は、次のようなものである。

①目標形成における、現場感覚と全体目標との統合

　　複数の係から上がってくる現場の状況を踏まえ、組織目標にどう反映させるか、一見相矛盾する現状をどう解決する道を考えるのか、といった「調整・統合」の役割が重要となる。

②リソース管理

　　予算や人事案件について、責任を持って現場として対応することが重要である。目標との関係でいえば、目標達成に不可欠なリソースの確保若しくはそのための情報発信である。目標を高く掲げておきながら、予算や人の面での手当てもなく「大変だが頑張ってくれ」で済ませることはできない。管理監督者の怠慢ともいえる。「パーキンソンの法則」（p.4参照）にも反映しているのだろうが、予算も人も多いに越したことはない、というのが人情である。それを組織全体の観点も含め、現場を踏まえ、優先度をつ

けつつ「ここまでなら」と切り込めるのが、課長なのである。安易に引き受けたり、周りの状況も考えずに予算や人の確保に頑張り過ぎるものではない。

なお、一つのチームを直接束ねる者（係長）に期待される振る舞いと、複数のチームを束ねる者（課長）に期待される振る舞いには、共通点は多いものの、より多くのチームを束ねる立場になればなるほど、外形的な受け取られ方にもそれなりの注意を払っていかなければならない。もっとも、内容が伴っていることが前提であるし、不必要なところまで形を重んじていると、権威主義的だと受け取られかねない。

♣変わっていく役割

係長も課長も、組織目標がそんなに変わらない状況では、前任者の引き継ぎどおり、淡々と仕事を処理しても大過なく済むかもしれない。しかし、社会の変化のスピードが上がるにつれ、組織目標の変更、それも時に大きな方向転換が必要とされる状況では、ここで整理したような組織目標との関連を意識した管理監督者の役割認識が重要となる。これも一つの基本へ立ち戻る姿勢である。そこでは、書き物や先人の経験に立つ役割マニュアルに多くは期待できないのである。さらに、行政改革の動きなどにもみられるように、組織自体の構成もピラミッド形式の階層構造のみとは限らなくなりつつある。現に、部下のいない専門職の増加は、企画部門を中心に広がってきている。

このような変化をみていくと、今まで、係長・課長という典型的な役職を例にしてきたが、今後はむしろ「こんな役職だから」ということより、組織目標と組織のなかにおける自らの位置（周囲との関係）から、自らの管理監督者の役割を見いだす努力が必要になるであろう。

組織のスタイル

　M．ウェーバーが指摘したように、安定した環境下で効率よく業務をこなすための組織形態として、階層型の組織スタイルが望ましい。しかしながら、「官僚制」という用語が否定的な意味合いで使われるようになった背景には、変化する環境への対応が十分にできないという欠点があるためである。これが組織スタイルそのものだけから起こる欠点とはいえないものの、「ピラミッド型組織」における分業化が抱える課題の一つであることは間違いない。組織編成の原則における「命令統一の原則」principle of unitary command（指示・命令を受け復命すべき上司が一人である）を守ったときに、ピラミッド型組織となるわけであるが、一般に大きな組織ではトップから現場までの情報の流れが多くの階層を経るため、変化する環境へのスムーズな対応が困難となることから、この階層を少なくした組織形態への移行を図るところもある。これが「組織のフラット化」と呼ばれるもので、電子メールなど組織内の情報ネットワーク導入にも助けられて進んでいる。フラット化の最も進んだピラミッド型組織は「文鎮型組織」ともいわれる。

ピラミッド型組織　　　　　文鎮型組織

　一方、「命令統一の原則」自体を崩して指示・命令を受け、復命すべき上司が複数となる組織の一般的な形態として、「マトリックス型組織」がある。環境の変化が激しく、組織として柔軟で素早い情報流通が求められ、資金の面でも人の面でも強い制約がある状況下で、組織内調整が緊密に行われなければならないときに導入されることがある。

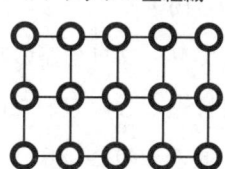

マトリックス型組織

第2章　情報化と多様化

第1節　情報化時代の自己啓発

　情報化時代における管理監督者の活性化のためには、情報マニアにならずに、情報洪水のなかを生き抜く方法が求められている。新奇なものを等身大に捉えて扱っていくことがポイントとなる。

♣情報化のスピード

急激な普及

　情報化の速さを考えるとき、情報化のシンボルともいえるコンピュータの革新と普及のスピードを振り返るとよい。25年前には、今の電卓が数万円もし、大学の理科系実験室では数台がひもでつながれていて共同で利用していた。リッチな学生が個人で持っていて自慢していたものである。それが数年でみんなが持つようになり、後輩があの小さなキーボードをブラインドタッチで数値を打ち込むようになっていた。マイコンと呼ばれたワンチップのコンピュータも、やっと単漢字変換ができるようになった20年ほど前には、フロッピーも5インチの大きなものでドライブが30万円近くしたものである。まだまだマニアの世界の話であった。そしてワープロ全盛の時代が続く。と、感傷に浸れるのはその時代を一緒に過ごしたものだけであって、今や一般家庭でもパソコンの購入は普通のものとなり、インターネット接続は当

然のようになっている。そのパソコンも携帯電話などに取って替わられるかもしれないとの予測があるくらいである。

職場への浸透

　職場におけるコンピュータの利用といえば、企業・政府機関においても大型コンピュータしかないという状況が長く続いていた。コンピュータが一般の職場へ浸透してきた当初は、ワープロという特定機能機としてである。メーカーにより操作がかなり異なることから、職場では自然にどれか一つのメーカーの機種に統一されるようになってきた。それが、大型コンピュータにつながるだけの端末でしかなかったものが、パソコンの高機能化、ネットワーク対応ＯＳの普及により「クライアント・サーバーのネットワーク」(注1)があっという間に広がり、職場でも１人１台が実現しつつある。情報部門に配置でもなかった限り、職場に導入された特定機種のワープロの操作に慣れてきたところに、突然のパソコンの進出という印象である。

　パソコンとなれば、ワープロ機能以外にいろいろな機能ができるとされている。さらに、ネットワークにつながった途端、「電子メール」や果てははやりの「インターネット」である。若い人ならいざ知らず、「職場でどう活用するのか」という問いかけを発すべき管理監督者としては、振り回されているとの感じを持つのもやむを得ない。コンピュータだけをみてきたが、ＰＨＳや携帯電話の急激な普及で、若者同士の連絡だけでなく、管理監督者にも持たされ、いつでもどこにいても連絡が飛び込むという状況も出現しつつある。情報化さえなければ、静かだったろうにとさえ思わせるほどである。

社会への浸透

　社会では、職場とは違って、便利であったり、面白かったりすれば、

何かをきっかけにあっという間に（特定の層とはいえ）浸透する傾向がある。情報化関連では、インターネットを筆頭に、ＰＨＳや携帯電話、ゲーム機、コンピュータなどが家庭に入り込みつつある。一部のパソコン趣味の人たちの物と思っていたものが、子供や若者に広まり、親が買ってやるとなると、例えばインターネットなどを見る人々の裾野も急速に拡大することになる。これらを行政側からみれば、直接的にはまず広報活動の場としてインターネットを活用するようになってきたこと、そして、サービス提供の場としての可能性もでてきたことがある。もちろん第１章で述べた社会全体の変化としても情報化は大きな流れであり、人々の生活パターンをも変えつつあるとみることもでき、行政の提供する種々のサービスを考えるときにも忘れてはならない重要な変化の一つとなってきている。

♣仕事における情報の重要性

どんな仕事も、情報をいかに活かすかが重要である。行政組織では、様々な形で地域・住民その他の情報が集まり、それに基づいて仕事が進んでいる。特に財政状況の厳しいなかでは、行政に求められるものも単にハコモノよりサービス、そして有用な情報の提供にシフトしつつある。そのなかで、組織としての対応と同時に、管理監督者として情報化の進む内外の環境のなかで踏まえるべきポイントをみていこう。

なお、情報の活用については、管理監督者の基本の一つでもあることから、第６章「コミュニケーション」でも、その側面から触れることとしている。

♣情報洪水への対応

情報といえば、まず「集める」ことに力が入りがちである。確かに情報が入ってこなければ、対応のしようがないのであるが、多くの事

故や災害で、後で調べたらそれなりの徴候があったとされることが多いように、むしろ現実は情報があふれ、そのなかに紛れて肝心の情報をつかみきれないことに問題があることが多い。一般に、情報洪水といわれるこのような状況は、情報化の進展により急速に広まり、これからも拡大していくことが予想される。

混在の状況

　職場に来る前にテレビのニュースを見て（ついでに気象情報も）、新聞を開き、職場に着けば、他の経済紙などに目を通す（若しくは切り抜きが回ってくる）。それ以外は対人的接触が、そして組織内で流通する文書からの情報が主であるということになっていないだろうか。人の生活は1日24時間であり、簡単に変わるものではない。外見上は、職場に入ってきた情報機器・コンピュータに向かう時間が長くなってきただけかもしれない。しかし、情報化の進展が地域社会の行政ニーズの多様化に拍車をかけ、行政改革で組織のリストラが求められるなか、確実に個々の、そして課なり係なりの業務処理上の負担は大きくなっている。いつの時代でも「昔より慌ただしくなった」と感じるものであるが、その変化のスピードは加速度的である。そして、業務効率化のため（最初は省資源・ペーパーレスも目指し）情報機器の導入が検討されていく。中央省庁では、パソコン1人1台の時代に入り、「ＷＡＮ」(注2)が導入され、一大行政情報網の構築が目指されている。その波は、密接に情報提供をする関係から、県へ、市町村へと広がっていく。そのなかで先取りして独自に展開しつつある自治体もあるが、だからすべてが情報化され、オンラインになり、ボタン一つで何でも出てくるという世界だけを思い描いてはいけない。当然ながら、しばらくはマダラ模様である。徐々に導入される場合は当然としても、一気に導入される場合も、それまでに蓄積された過去の情報ー実際はフ

ァイルやワープロの文章等－まで完全に取り込まれることはなく、仕事をする立場からすれば混在の状況は当面は続くのである。このなかで管理監督者としては、今までの情報（文書）管理と新しい情報管理の双方を理解しておかなければならない。

情報センスを磨く

　管理監督者ともなると、下から、また周囲から様々な形で情報が入ってくる。事務的な回覧文書から企画書のようなものまで、その扱いも軽重も様々である。管理監督者として最も能動的かつ重要な役割は、チームとしての情報の収集を束ね、また何を発信するかを決めることである。管理監督者の情報センターとしての基本については、第2部で改めて議論するとして、ここでは変化のスピードが速くなり、情報化の進展が進むなかで、特に留意すべき点に焦点を当てていく。

　情報の収集一つをとっても、1人で行える範囲には限界がある。部下を使い、共に集めて初めて組織での仕事となる。そのためには、情報に対するセンスを、そしてそのベースとなる目的意識を共有しなければならない。

第1の役割：部下に対する発信

　　目標の設定と共有が管理監督者の役割であるとしたが、それが真に問われるのが情報収集、報告における部下の対応である。いくら口では「はい、そうでございます」と言っても、実際の行動に結びつかなければ意味がない。そのためには、実際の行動を温かくかつ客観的に評価することの積み重ねが必要となる。誰でも今までどおりやるのが楽なのである。「以前からこのような調査を行い、このようにまとめています」と言って済ませたいのが人情である。それに流されないためには、「確かに大変だけれど、今の我が課、我が係の置かれている状況や課題に取り組むために

は、こんなふうにしたい、こんなことも大事だ」といった自ら持つ意識が大切となる。部下は上司の姿勢に敏感なものである。管理監督者が自らのものとして、自然に問題意識を持ち、それに沿った指示・行動・対応・評価をして初めて意識が共有できる地盤ができる。部下に対する発信を意識的に自然に行うことが大切なのである。

第2の役割：経験の発信から予見の発信へ

　変化のスピードが速くなってきた時代に、今や「前例踏襲」は頑迷固陋の象徴のようになっている。「こういう事態となっていますが、我々の経験ではかくかくしかじかの対応で十分だと思います」という説明が、そのまま受け入れられなくなってきている。管理監督者といえども、自らの上司に対してはその意思決定をサポートする立場にある。様々な新しい状況が展開するなかで、現場から上がってくる情報を構築して状況を的確に認識すること、問題点を正しくつかみ、それへの対応策を練り上げること、そしてしっかりした提言に結びつけていくことが求められている。上司との組織目標の共有を常に図るのは当然のこととして、来るべき事態をなるべく早期に見通して、現場からの問題意識を上につなげる一方、現場には全体の方向性を徹底することが期待されている。後者については第1の役割で述べたとおりであるが、前者についても積極的に行う必要がある。「減点主義から加点主義へ」といわれるようになったが、これは単に部下に対してとるべき管理監督者の心得というだけではない。自らが減点主義を恐れず動くことで初めて、加点主義の効果が生まれるのである。「確実なことでなければ」、「やれるだけの検討は尽くしたと思われない限り」ゆえに、周囲に発信できないというのは正に減点主義である。どの程度確かなのか、どこまでが事実に基づいたものなのかを明

確にしつつ、管理監督者としての見識に立って予見と対策を早期に発信することが大事なのである。これは上司である管理監督者として部下に期待することに通じるはずである。

　何か事が起こってから、その事実について知らされていなかった、十分に検討する時間や余裕がなかったなどと言い訳をすることがある。管理監督者としては、下から上への進言・情報の提供は自分のフィルターを通しつつ、速やかに流さなければならないが、逆に上からの非難などは、自分のところで止めるようにする。それが管理監督者としての責任であり、真の加点主義を組織に浸透させる鍵である。

組織には様々な人がいる。上司と一口にいっても、仕事の仕方、部下への接し方は十人十色である。管理監督者としての対応も、相手によって変わるのが当然であるが、少なくとも自らの傘の下は、明るく情報が流れるようにしたいものである。

　組織目標と合致し、現場から予見につなげる発信をし、真の加点主義をとるとき、シンボリックリーダーともいわれるようなメッセージを発信し、体現し、組織を率いる管理監督者への道が開ける。これが、変化の時代に焦点が当てられている管理監督者の役割といえよう。

♣情報ツールとの付き合い方

　道具を使うのは人間の特性の一つといわれている。職場においても、かって紙とペンそして電話といったものが、コピーが入り、ファックスが入り、ワープロが、そしてコンピュータがと次々と新しい道具が入ってきている。1人の職業人生が60歳を超えて働くとなると、30年は優に超えるなかで、自分なりに新しい道具の付き合い方を形成していくことは欠かすことができないものとなっている。ここでは職場への普及が著しい情報関連ツールとの付き合い方を中心にみていこう。

競わない、のめり込まない

新しい道具に対する反応は人それぞれである。しかし職場に導入される以上、組織としてその効用を認め、業務のために活用すべきものとしての位置付けは決まったはずのものである。今更新しいことを覚えるのは大変だ、面倒だとして敬遠する向きも、それなりに付き合わざるを得ない。

なかには「新しいもの好き」というのではないが、新しい情報機器を積極的に使い活用しようと意欲満々な向きもある。危険なのは、むしろこちらの方なのである。もちろん、自ら勉強し使いこなせるようになることは良いことである。詳しくなればなるほど、活用の道も落とし穴も分かるようになるはずだ。しかし、事はそう簡単ではない。特にコンピュータについては、詳しくなればなるほど、視野狭窄に陥る危険がある。これは、おそらく電話やファックス、コピーなどは本来単機能で、使い方も比較的簡単に覚えられ、使いみちもはっきりしているのに対し、かって汎用機とも呼ばれたコンピュータは、操作の習熟にそれなりの時間がかかり、何をどう使うのかは機器の方から自明でないためと思われる。そのため、まず操作を覚えることが自己目的化しやすい。こんなこともできる、こうすればもっとうまくいく、速くできる、と確かに一度面白いと感じ始めると、のめり込みかねず、細かな技術的なことにこだわる傾向が強くなる。こうなると、仕事のためという大筋から外れてしまう。

組織がコンパクトになり、管理監督者にもプレーイングマネージャとして自ら動くことが求められている時代に、新しい情報機器を自在に活用できるようになることが必須となりつつある。しかし、それ自体にのめり込まず、自己目的化しないように注意する必要がある。あくまで、職場では仕事のための道具なのである。

保守化しやすい

　情報機器の世界での革新は絶え間がなく、ＣＰＵの能力は１年半から２年で倍となるという「ムーアの法則」が成り立つとされるように、そのスピードも速い。同じコンピュータといっても、ハードの進歩は当然としても、使う側にとって最も影響のある「ＯＳ」（注3）と呼ばれるシステムもＭＳ－ＤＯＳからWindowsに変わり、そのバージョンも次々と新しくなってきている。ＭＳ－ＤＯＳからWindowsの間のギャップは大きく、「Tip」ともいわれる細かなノウハウの多くは役にも立たなくなった。ワープロにしても、単機能のコンピュータでメーカーごとにかなり個性があった状況からパソコン上のソフトであるワープロに移行してきたし、パソコンソフトとしてのワープロの競争もある。

　元来、人は保守的である。苦労して覚えたノウハウが活かせないようなものへ飛びつくことには慎重になる。一方、この世界はイノベーションが速く、過去をかなり振り捨てながら進んできている。職場への導入となると、機器にせよソフトにせよ、何を選ぶかで将来は大きく縛られ、トータルのコストは大きく変わる。なまじ詳しい、若しくは苦労して身につけた情報通は、この点を十分自戒しておくことである。逆に、情報オンチを自認する人も、コンプレックスを持つ必要はないのである。冷静に仕事に役立たせようという意欲と、それに少し将来を見つめる眼を持つことが大切である。管理監督者として、詳しい人に任せたのだからよしとせず、「できる人、のめり込んでいる人ほど保守的になりやすいこと」を押さえておくようにする。

基本だけはマスター

　情報機器に詳しい人ほど保守的になりやすいからといって、何も知らなくてよいという話にはならない。機器やメーカーに依存する表面

的な部分は転々と変わっていくが、人と機械の関係ともいうべきインターフェイスの基本は大きく変わっていない（衣裳は大きく変わっても中身の人間との話のこつは同じなのである）。

　もとより絶対に変わらないというものはないが、少なくとも以下のような基本についてはマスターしておくことで、余裕を持ってどんな情報機器が出てきても向かい合えるようにしたいものである。もちろん、その際にどんなことに使えるものか、大体どんなものかは理解する必要があるが、操作上のことなど、分からなければ教わればよいというくらいの姿勢でよい。下手に、この歳になってとか、部下から教わるのはとか、外見を考えないことである。

タイピングをマスター

　コンピュータに話しかける手段であるタイピングはマスターしておきたい。今ではほとんどローマ字を入力して日本語に変換するという形が一般的になっている。仮名タイプの方が速いとか、日本語に合わせて開発された親指シフトがよいとか様々な声もあった。これからというならば、まず英文タイプのブラインドタッチをマスターすることである。どうせそんなにワープロなど使わないといって一本指のタイピングに徹している人もいるが、時間とストレスの面で、初期投資とその回収を考えれば、少し辛くてもブラインドタッチを目指すべきである。古風に英文タイプ教本によるのもよし、今風にゲーム感覚も持ち込まれたタイピングソフトを使うのもよい。最もストレスを感じやすく、時間をかけている入力操作の負担を軽減することが一番なのである。

ファイリングを覚える

　文書が電子化されたといっても、その数が少ないうちはよいが、電

子化が進んでくるとそれらをしっかりと整理する必要が出てくる。実のところ、紙の整理と共通するところが多いのであるが、眼に見えない、かさばるわけでも散らかるわけでもない、という物理的な特長が仇(あだ)となるのか、その整理はルーズになりがちである。いざというときに「あれはどこにいれたのだろう」と探しても、形のある書類と違ってフロッピーやハードディスクに入った書類は見つける手がかりが眼に見えない。いきおい片っ端から見ていき、時間を費やして、こんなに使いにくいものはないと思われてしまう。「眼に見えないからこそ整理する」ことが大事なのである。まずファイリングのルールを自ら立て、守ることが必要となる。このことも、情報化のなかで我々が抱えるストレスを軽減する重要な取組なのである。

　ここでのファイリングでは、「ディレクトリ」又は「フォルダ」(注4)と呼ばれる箱（眼には見えないが最近ではアイコンと呼ばれる疑似的な箱として見える）に書類を入れていくのが整理の基本である。まず分類して分かりやすい名前を付けることが大切である。整理の基本は、「自分も時がたてば、ファイルの中を探すときには全く赤の他人と同じになっている、少なくともそうなる危険がある」ということを前提に考えることである。それゆえ、一貫性のある分類、分かりやすい名前がファイリングに求められるし、それ以上の工夫の余地もある。管理監督者として、自ら扱う情報のファイリングをしっかりするだけでなく、チームとして、また組織全体で仕事上共有する情報の管理にも一定の見識を持っておかなければならない。「今分かっているからどうでもいいだろう」というのでは、組織としてする仕事ではない。自らも、後任者にも、他の協働する同僚にも分かる「ルール」があり、それを守らなければならない。自分以外に部下はいない、部下はわずかだというような管理監督者でも、ならばこそ、そこでは十分後につながるファイリングの整理が求められる。「人に分かる優しい情報フ

ァイリング」、これを自らもチームでも徹底させよう。

バックアップ

　急ぎのときにフロッピーが壊れて一から打ち直しとなって困ったという経験をお持ちではないだろうか。もっと困るのはパソコンのハードディスクがおかしくなったというものだが、いずれにせよ完璧に信頼できる保存媒体はない。しかも、電子化された書類では、印刷物より広範囲に致命的な形で問題が突如起こる。

　「ワープロやパソコンはいま一つ信頼できない。必ず出力したものを残しておくように」という人がいるのも当然であろう。ペーパーレスを目指したはずが、より多くのペーパーを消費しているという所も多い。今や中央省庁ではワンストップの行政サービスを目指し、地方から広がってきた情報公開も一般的になりつつあるなかで、眼に見えない電子化文書のデータとの付き合い方を確立しておく必要がある。管理監督者としても、紙でなければ上げてくるなという姿勢では困るわけだが、一方チームとして必ずバックアップと呼ばれる電子化文書のコピーを別のフロッピーなり、システム部門が提供する文書管理システム（これはバックアップが頻繁に－ほぼ毎日－とられるのが常識）なりに退避させておくなどの対策を講じておくべきである。

　何事も慣れればストレスは少なくなる。最近のソフトは、指定した時間間隔で自動的にバックアップを作成してくれるものもあるが、それを活用するだけでなく、1日の仕事の締めには、若しくは一仕事区切りがついたときには、別のところへバックアップをとり、整理をするよう習慣付けるとよい。便利さのみを強調しても痛い目にあうし、落とし穴を強調し過ぎては効用が得られなくなる。危機への備えは日ごろからである。

教わればよい

　タイピングにしても、日本語変換ソフトの癖は依然としてある。ファイリングでも、その扱い方はＯＳにより少し違う。バックアップもしかり。昔と比べれば、より直感的・視覚的になっているとはいえ、操作上で分からないところが出るのは当然である。そのときは、尻込みすることなく、情報担当者や詳しい若い人に聞けばよい。日々使うものならばすぐ覚えるし、目的が明確ならば気にすることはない。「使いにくいよ」と批評するくらいの突き放した感覚で十分なのである。といって、触らない口実にしないように…。

―――――――――――――――――

注１）クライアント・サーバーシステム
　　　従来、ホストコンピュータと呼ばれる大型計算機を中心に、その端末からなっていたコンピュータ・ネットワークが組織では一般的であった。これがパソコンの機能向上に伴い、端末が独立のコンピュータとしての処理を行い、ホストが中央集権的に処理をこなすのでなく、分散処理ができるようになったネットワークシステムのこと。端末が「クライアント」（顧客）で、ホストが「サーバー」（提供者）という立場に変わったことからこのように呼ばれる。
　　　組織において、情報部門という独立した部局で一括してコンピュータシステムを運用していたものが、「１人１台」ともいわれるように、職員の机上にパソコンが配置され、それらがネットワークでつながる形態に変わることで、職務においても情報化が一人ひとりに直接的に影響をもたらすようになった。

注２）ＷＡＮ（Wide Area Network）
　　　それぞれの組織内でのコンピュータ・ネットワークを「ＬＡＮ

(Local Area Network) と呼ぶが、ＬＡＮを持つ複数の組織のネットワークを更につなげてネットワークにしたものを「ＷＡＮ」と呼ぶ。中央省庁のＬＡＮをつなげたものを「霞が関ＷＡＮ」と呼んでいる。インターネットの普及に伴い、これらネットワークでの情報をやりとりするベースもインターネットのベース（ＴＣＰ／ＩＰ）が一般的になってきている。

注３）ＯＳ（Operating System）

人からの命令をコンピュータに伝える基本となるインターフェースを構成するプログラム群。コンピュータの普及と処理能力向上に伴って、機種に依存する度合いがない人に優しいインターフェースが求められるなかで、「ＵＮＩＸ」「ＭＳ-ＤＯＳ」といった命令を文字で与えるコマンドベースのＯＳから、ＵＮＩＸでも「X-Window」や「Windows」「Mac ＯＳ」といった「アイコン」と呼ばれる視覚的要素を多用したグラフィックインターフェースを提供するＯＳが一般的になってきている。

注４）ディレクトリ　フォルダ

電子情報を保存する記憶媒体上に設けられた電子情報を入れる箱が「ディレクトリ」ないしは「フォルダ」と呼ばれる。ＯＳレベルで提供される情報整理のためのインターフェース。物理的な箱ではないため、箱の中には（ナマの電子情報を保持する）ファイルだけでなく、箱の中に箱を、さらにその箱の中に箱（箱を含む箱のことを、含まれる箱（サブディレクトリ）の親ディレクトリという）を含むことができる。このように、階層的にディレクトリと呼ばれる箱を設けることで、大分類・中分類・小分類といった整理ができることとなる。

∞ 第2節　情報ツールとの付き合いいろいろ ∞

♣ワープロとの付き合い

　ワープロであろうが手書きであろうが、文書を書くということには変わりはない。そこでは何を言いたいのか、それを伝えるための構成と内容がすべてであり、これまで多くの文書を手がけてきた管理監督者ならば、ブラインドタッチさえマスターしていれば、恐れることはない。

　ワープロでは、工夫をすれば様々な形で外見を綺麗に整えることができる。なまじできるからと外見にこだわるあまり、多くを求め過ぎないよう注意することである。日本では表の作成が多い。便利になったとはいえ、本文を入力していくのに比べ、表の作成には癖があるし、ページの中にバランスよく置くのもなかなか苦労する。できるからといって、深追いしていてはワープロを使っているのか、ワープロに使われているのか分からなくなってしまう。そのためには、文章において、不必要若しくはあまり重要でない修飾要素はそぎ落とすようにする。箇条書きや表に相当するものも枠線をなくした形などで十分な場合も多いことにも留意し、意図するプレゼンテーション効果、必要性があるときに限るようにしたい。

　もっとも、「インデント」と呼ばれる文頭の頭下げは活用したい機能の一つである。人によっては各行で改行をして、冒頭に空白を挿入することで頭下げをしていることもある。これだと修正が入って文章の長さが変われば、空白を消してまた挿入するという作業がパラグラフ全体に必要となる。修正が度々入る文書で段下げといった形にこだわるならば、インデント機能を使おう。

日本語ワープロには、もう10年以上の蓄積があり、今のワープロにはかなりの機能が付いている。そのすべてを十分に使いこなしている人などいないと断言してもよいくらいである。基本はシンプルに置き、必要な修飾はその扱いに詳しい人に聞くなり、困ったら解説本やマニュアルをひも解くなりすればよい。

管理監督者として、文書がどの場面で使われるかによるが、なるべくスタイルにこだわらず中身をみよう。それが自らも部下も助けることになる。内容と構成が大事といったが、長い報告書や共同作業で分担する場合に助けとなるワープロの機能として「アウトラインプロセッサ」というものがある。構成を明確にしつつ、必要なところから、若しくは出来上がったところから書いていけるという優れものである。手書きの書類では難しいこのような機能も活用すると面白い。

♣メールとの付き合い

ここでは電子メールのことをいっているが、メールは郵便である。郵便配達と同じく郵便箱までしか運ばれない。その郵便箱も、ネットワーク上で互いがつながることによって初めてメールのやりとりが可能となる。今や「アドレスは」と言えば、自分が見るネットワーク上の郵便箱を特定する「xxx＠yyy.zz.ww」(注1)といったものが返ってくることも多くなりつつある。

手紙の書き方については各種の本があって決まった言い回しが用意されているように、ワープロソフトにも「テンプレート」と呼ばれるひな形がある。仕事においても、正式な文書は当然のこと、事務連絡にしてもかなり定型化しているはずである。新しいところでは、ファックスの表書き（送信票）もそうである。これらを参考にしつつ、仕事上のメールについては定型化を進めるとよい。メール自体が、既にタイトルがあり、発信人・送信先・コピー供覧先が付くという最低限

の構造を持っているために見過ごしがちだが、仕事上のメールについては、チームベースで、さらには組織ベースで相手をおもんばかったルールを決めるべきである。

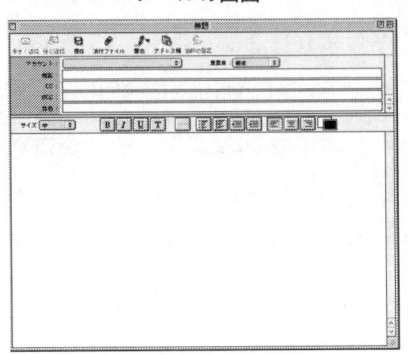

メールの画面

ここに管理監督者の出番がある。チームにおけるルール作りを引っ張るのは上司である。まず、職場におけるメール文化とでもいうものの必要性を認識することが出発点となる。もちろん、管理監督者自身が文化の創造者になることが求められるのではなく、それを見守り導く庇護者のような存在としてその重要性がある。

一方、個人的には次のような点に気をつけて快適なメール付き合いをしていこう。

①毎日見るようにする

メールを開くことは、定期的に行うよう習慣化すると楽である。朝出がけに郵便受けをのぞくように、出勤直後コンピュータを立ち上げたときとか、昼休みの前後、終業時など、区切りのよいところで見る癖をつけておく。

あるところで、部下には「メールなんて見ない」と広言していた幹部が、トップからのメールに気づかず返信しないでいた。後日、トップから「なぜ開かないんだ」との詰問を受け、以後その幹部の広言は消えた由。「着信通知機能」というものもあるので

活用しよう。

②すぐに処理する

　一番大事なのは、開いて（若しくは開く前に）不要だと思うものは捨てることである。逆に、特に大事なものは別の場所に残しておく。ともかく返事（返信）を書き反応することである。組織内のメールでは、配信されたか、開かれたかなどを、送った側からも把握できるが、インターネット経由の外から内へのメールではそうはいかない。返信が必要なメールを受けてすぐに返事が書けない場合は、「メール読ませていただきました。取り込み中のため、ご案内の件につきましては、後ほどご連絡します」というだけの返信でもサッと送っておくようにする。そのための道具立てはかなりそろっているので、詳しい人でもつかまえてやるとよい。何でもそうであるが、メールを溜める、果てはメールの処理に追われるとなっては、管理監督者としては面目が立たないというくらいの気持ちを持とう。

　メールの処理に当たっては、事の優先度に従って行うだけでなく、記録として残すべき優先度も押さえて、保存なり削除なりをしっかり整理しておくようにする。最低限、公用と部内用とを分け、メールによるやりとりを振り返る必要のある段階までは取っておくようにする。立場と内容にもよるが、「ＢＣＣ」(注2)で担当の部下にもコピーを送り、整理させておくという方法もあろう。ともかく管理の手間を少しでも減らすことである。とはいえ、何もしなくても記録に残るというメール特有の利便さにかまけて管理の手を抜いていると、メールボックスの中を探し回る羽目になったり、メールを溜め過ぎて管理当局から注意されかねない。

　仕事上のやりとりとしてメールを使う場合は、文書のやりとりに準じるくらいの丁寧さで、情緒的な修飾や形容の少ない表現を心がける

ようにする。そして文書に準じた管理をすることである。また、積極的な面として、「メーリングリスト」(注3)と呼ばれるメールアドレスさえあれば、全国津々浦々、世界にまで広がる人々と簡単にコミュニケーションができるようになったということがある。これを使って情報のアンテナを広げるための道もある。

♣インターネットとの付き合い

インターネットという言葉がこれだけ急速に広まり、職場でもインターネットにつながったパソコンが手許(てもと)にあるところでは若手に限らず、朝来るとヤフー（http://www.yahoo.co.jp/）なり、＊＊新聞なりのホームページなど特定の「サイト」(注4)を開いてニュースに目を通すようになってきた。管理監督者として、ここでは特に「ホームページ」と呼ばれるものを中心としたインターネットとの付き合い（捉え方）を考えていく。

情報収集源として

上の例のように、「＊＊について調べて」というと、環境さえ整っていれば、ホームページを見て情報を収集するというのが、最初に部下のとる行動となってくる。新聞や公的機関のホームページは（物足らない場合があるにせよ）信頼がおける情報源であるが、すべてがそうとは限らない。特に最近は「サーチエンジン」(注5)（さらには「メタサーチ」というそれらをとりまとめたものもある）と呼ばれるホームページの検索機能を持ったサービスも提供されており、「＊＊」と入力して検索ボタンを押せば、パッと（時にしばらく待たされて）「＊＊」に言及しているホームページのリストが出てくるようになっている。便利でうまく使えば仕事にも役立つが、その前に次の3点は心しておき、自らも、そして部下にも、職場でネットサーフィンに時間を費や

第2節　情報ツールとの付き合いいろいろ

しているという状況にならないようにしよう。

①サーチエンジンはすべてを探すわけではない

　ホームページの拡大はとどまるところを知らず、既にサーチエンジンが自動的に探して情報を集め、検索の便を図ることのベースとなるホームページのカバー率は限られたものである。最近ではなくなったり移転するホームページも多く、リストの中には使えないものも多く入り込んできている。

②ホームページの情報は玉石混淆

　信頼できる情報源から、日記やお遊びをホームページで公開したものまで、検索に引っかかるものには幅がある。特に最近は後者の伸びの方が著しく、サーチエンジンの効用は薄れつつある。逆にヤフーなどがまだ一般的なように、それなりのポリシーと信頼の置ける「ディレクトリサービス」(注6)の評価は高い。使う側にも鑑識眼が求められている。

③まだ情報がホームページで発信されている分野には偏りがある

　コンピュータ関係の最新情報などはインターネットが速く、また数多くあるが、例えば歴史的な話題などはまだまだである。広い範囲にわたって質の良い情報提供がされる時代にはまだなっていない。ホームページだけを見て、すべての分野について最近の動きはどうだとはまだいえない。

　というわけで、(特定の信頼できる情報源とか、必ずホームページに出しているはずの一部の企業活動とかは除いて)「ただただ便利です」というより、下手をするとゴミを集める、それも時間をかけてゴミあさりをするという状況になりかねないことだけは心しておくべきである。部下が、「インターネットで調べていますから」と言うので無条件にOKとはいかない。むしろ足で稼ぐ情報や、図書館など従来の情報源もしっかり確保・活用する必要性は減っていないのである。

その意味で、ホームページは手がかり探しの一方策ぐらいに考えておいてよい。同時に、世界有数の百科事典が無料で公開されるなど、良質の情報源も増えつつあり、仕事の役に立つサイトは押さえておくようにしたい。

情報提供源として

収集する立場を逆にすると、ホームページは情報提供の場でもある。多くの地方自治体がホームページを開設する時代である。行政機関の提供するホームページは情報源としての信頼度については二重丸は当然なのだが、開設当初中央官庁のホームページに批判的な論評があったように、物足らない、面白くない、使いにくい、センスがないなどの指摘も受けやすい。実際にどうであるのかは、使う側の受け取り方で異なるわけだが、それだけ注目される広報資源であることは確かである。管理監督者としても、自らの業務に関する情報を住民に伝える状況になることもあるわけで、情報提供の場としてのホームページについて、しっかりした認識を持つ必要がある。このことは情報収集源としてのホームページの理解と裏腹になるが、見る立場に立って広報のあり方を考えるというのは、他の広報資源と共通する重要なポイントである。

ここでは、ホームページに関連して留意すべき四つのポイントを示しておく。

①分かりやすさが大事

必要とする情報にたどり着くまで、3アクション以上かかるともう面倒である。挙げ句に数字の羅列された表や、お役所臭の強いお堅い表現が待っていたとなると、こき下ろしたくもなる。何が関心を持たれる情報なのか、その在りかを一目で把握できるようにするなど、しっかりと整理して提供する必要があるし、コン

ピュータの画面で見るという制約も踏まえ、コンパクトに視覚的に分かりやすくまとめる必要がある。

②更新することで関心を呼ぶ

　あそこのホームページは行ってみてのぞくと何か新しいものがある、と思われればまた訪れるものである。逆に変わり映えがしなければ、足は遠のくのが世の常である。最新の情報を、なるべく早く載せることに留意して、「＊＊についてなら、あのホームページを見れば分かる（又は手がかりが得られる）」という定評を得るようになるのが一番である。更新も含めて長期にわたって維持する視点が欠落したまま、はやりだから開いたというホームページは、はやりと同じくすぐ廃れる。体制や費用、時間を理由に、作成側の立場に立った弁解は通用しないことを心しておこう。

③フィードバックを大切に

　いくら広報として活用するといっても、一方通行でよしとするのではなく、コミュニケーションの一手段である以上、双方向の流れを大事にしてフィードバックを受けることである。少なくとも「webmaster@***.**.**」といったメールアドレスでよろず質問・意見を受け付けるようにする。双方向のコミュニケーションの最たるものが「電子会議室」(注7)や「チャット」(注8)といったものである。不特定多数の眼に触れるホームページの場合、このような会議室などを設けると、偏った議論や思わぬ対立を生むこともあり、最低限のルールが守られるよう管理側で見守っておく必要がある。アクセス状況そのものも、ホームページを訪れた人からのフィードバックの一つである。上記①、②を押さえようとしても、最初はまず作成側の主観的な思いから作るしかない。それがどれだけ効果があったかをアクセス状況を見たり利用者の声に耳を傾けたりしながら冷静につかんでおくことで、よりよいホームページ作

りのための指針が見いだせる。

④ユニークさを持たせる

　地域にとって、自治体からの発信の場としては、そのホームページもユニークな存在ではあるが、これだけ多くのホームページが開設されてくると、単独では埋没しかねない。ホームページだけでなく、各種広報とも連携を取ったり、他のサイトと「リンクを張った」(注9)り、他にないユニークな試みをするなど、「＊＊自治体のホームページは」というと、そのカラーが思い浮かべられるようにするのが効果的である。

　ここでは、ホームページの作成のノウハウは議論しないが、管理監督者は自らが関係する情報をホームページで提供するに際しては、以上のようなポイントを頭において対応するようにしよう。そこでは広く社会や組織の動きや要請をつかんでいて、仕事も全体的に押さえている管理監督者の出番なのである。そんなことはコンピュータ好きの若い者だけに任せておいて、知らん振りというのでは済まされない。

　「インターネット」(注10)、ホームページに関連したテーマとして、セキュリティと著作権・プライバシーの問題がある。広く開かれたコミュニケーション媒体ゆえに、このような側面が特に強調されることとなることに注意を喚起しておく。

♣イントラネットとの付き合い

　「イントラネット」(注11)といっても、耳慣れない向きは、組織内に限られたインターネットのことだと思ってよい。その特性は、同じ組織内であるがゆえに、仕事に関する情報の流通が中心となり、管理監督者としては特にその活用について意を用いる必要があることである。一般に、イントラネット上には「グループウェア」という組織内での情報流通の手助けをするソフト群が用意され、それらを中心に職員が使

うこととなる。その中身は、電子掲示板・電子メール・電子会議室・スケジュール管理・文書管理、果ては電子決済や電子会議などを含むものである。グループウェアにより、またその作り方により組織ごとにカラーがあるが、管理監督者として重要なのは、組織でのルール作りへの関与である。

組織でのルールを作る

　普通、情報管理部門が一定のルールを作っているはずである。他の職員とともに仕事で使うものであるから、このような定められたルールはよくその意図を理解して守るようにする。一般にこの手のルールはまず、「システムに危険や負担を負わせない、利用者に迷惑をかけない」という観点から決まったものが多い。ただ、情報管理を仕事として任されると、往々に保守的で事勿れ主義の方向に流されやすい。管理監督者としては、仕事に活用するという立場から、おかしいと思うもの、困るものについて、部下の意見も聞きながらはっきり主張し、必要があれば調整に当たるくらいのつもりでいることが大事である。個々の職員が具体的な不満を持ち、不都合を訴え、情報管理部門の担当に要求しても、課なりの組織としての要望でないと受け付けない（そもそもこれをルール化しているところもある）となると、「私はよく知らないから、下の方でよく話し合ってよ」という上司では済まないのである。そのような対応の積み重ねが、結局モノとハコとソフトまで用意されたけれど、誰も積極的に使う気にならないシステムにしてしまうことになる。そんなとき、費用を投じながら、「まだまだ便利でないから、使いにくいから」とか「ＯＡ化なんて所詮はやりだから」とシニカルに構えて評論家を決め込まないことである。コンピュータが使えるかどうかではなくて、何が来ても、職場の責任者として仕事に役立つきちっとした対応をしたかどうかが管理監督者に問われ

ているのである。

♣表計算との付き合い

　表計算というより、ロータスやエクセルのことです、といった方が分かりやすいかもしれないが、集計をはじめ多量のデータを扱う際に用いられるソフトのことである。最近では、かなり多量のデータも扱えるようになり、大規模な仕事でなければ、データベースでなくて表計算ソフトで済ませることも多くなった。何が得意かといえば、まずは分類・集計であり、表作成・グラフ作成につながる。簡単なシミュレーション計算もできるので、これなどは昔のイメージのコンピュータそのものかもしれない。関心がある向きは、使い方を考えれば様々な可能性もあるので、挑戦されても面白いだろう。個人的にもデータベース代わりに使える。表計算ソフトを、数値のみを扱うものと限定しないことである。例えば名簿管理や簡単な日誌にも使えるし、仕事柄みでもプロジェクトの進行管理メモ（記録と数値管理）や「ＯＪＴ」（第７章参照）の指導メモなどとしても利用できる。また、数値データも気軽に様々なグラフとして描き、視覚的に捉えることができる効用は大きい。

♣データベースとの付き合い

　「データベース」(注12)というと、多量のデータ管理、それも集中管理や分散処理、随時更新維持できる情報源として組まれることが多い。ネットワーク上での使用や他のデータベースとの関連付けなどが強みであると同時に、それなりの知識も要求される。組織として保持しているデータベースは、そのお守りをするところがあるのが普通で、その任にない限り、基本的に使い手としての発想から「使いやすい、使いにくい」という面からみていくだけで十分であろう。

　情報化が進展した要因の一つに、ネットワークによる情報共有のメ

リットがある。それを昔から支えてきたのがデータベースである。しかし、大きく複雑なものほど一度出来てしまうと、些細なことであれ（むしろ、些細なことだからこそ）変えることには抵抗がある。またデータベースという名前にひるんで、大規模なシステムであることを意識して、使う側も既成のものと受け止めて多少の不便は忍ぶという構図が出来やすい。最近では、数値や文字情報に加え、画像など様々な形の情報が保持できるようになってきている。技術的な面での情報化などの詳細については知らないがゆえに一層自由で、現実のニーズは切実に感じ、はっきりとした形で訴えることができる管理監督者の出番は大きくなっている。

注1）xxx@yyy.zzz.ww

「メールアドレス」と呼ばれるインターネット上の番地の表現例。日本にある番地は「ww」が「jp」（japanの略）となる。「zzz」は組織の属性を表し、企業は「com」、政府は「go」、一般組織は「or」、ネットワーク提供組織は「ne」が使われる。「yyy」は組織の固有名称で、「xxx」は組織内での、例えば個人の郵便箱の名前に相当する。

注2）ＢＣＣ（Blind Carbon Copy）

メールを送る相手は「To」、発信元は「From」でメールの冒頭に表示されるが、直接送る相手のほかに、参考までに写しを送りたいときに「ＣＣ」（Carbon Copy）として指定する。これは、英文タイプで文書を作成しているときに、カーボン紙を挟んでタイプし、それでできた写しを送っていたことに由来する。ＣＣはメールを送る相手にも、どこに写しが送られたかを表示して示すが、ＢＣＣはメールを送る相手には知らせずに写しを送る場合に使う。例えば部長にメールを送るときに、秘書にもＣＣで送ったり、外部にメールを送るときに関係部局にＢＣＣで写しを送ったりするようなときに使うとよい。

注3）メーリングリスト

　　あるメンバーがメールを送ると、メーリングリストに登録されたグループのメンバー全員にメールが送られる形で情報交換をするもの。電子メールの機能を自動化して実現しただけのものであるが、簡単に立ち上げられること、特定の関心を持つメンバーだけに限定できること、などから様々なテーマでメーリングリストが数限りなく動いている。気軽に内輪のグループ情報交換の手段として利用できる。

注4）サイト

　　ホームページが置かれているインターネット上の場所のこと。

注5）サーチエンジン

　　インターネット上に数多くある情報（通常ホームページで公開されているもの）を集めてきてデータベースを構築し、検索サービスを行うソフト。ホームページとしてサーチエンジンも公開されていることから、そのホームページ自体のこともいう。「Goo」、「infoseek」、「Excite」、「Lycos」、「Altavista」など数多くあるが、それぞれ情報の集め方が違うので、目的に合わせて利用するとよい。

注6）ディレクトリサービス

　　ホームページをコンピュータのディレクトリのように分類して、情報提供をするホームページの機能。ディレクトリの分類の仕方、どのようなホームページを登録しているかなど、各ディレクトリサービスにより個性がある。有名なのは「Yahoo」。

注7）電子会議室

　　ネットワーク上で会議を開いているように参加者が発言でき、それを他の参加者が見れるようにしたもの。電子会議室にはこのように参加者の発言が集められており、ある発言に対する発言という形

でリンク付け（関係付け）がされ、ツリー階層で表示する機能を持つものが多い。インターネット上のみとは限らず、情報交換の場として広く利用されている。

注8）**チャット**

　電子会議室に類似するが、ネットワークでそのときにつながっている人が、その時点で話し合いをするようにリアルタイムで発言内容が（発言者の名前若しくはニックネーム）とともに表示されるもの。顔は見えないが気軽におしゃべりをする場として利用される。

注9）**リンクを張る**

　ホームページで「Link」というボタンがよく見られるように、関係する他のホームページへクリック一つで移動できるようにしたとき、そこへ「リンクを張った」という。一般に、あるテーマについて情報提供をしているホームページから、同じテーマで情報提供をしているホームページを紹介しているものが多い。

注10）**インターネット（internet）**

　1969年に生まれたＡＲＰネットを最初に、研究機関の情報交換を助けるネットワークとして発展した。1990年代に商用化されて急速に普及し、今や世界のコンピュータがつながっている一大ネットワークとなっている。様々なコンピュータが情報交換ができるよう一定の通信プロトコル（通信にあたっての約束事）として「ＴＣＰ／ＩＰ」と呼ばれるものが定められている。「Mosaic」に始まる「WWW」（World Wide Web）といった情報提供の新しい形態などもあって、ホームページがインターネット上の情報提供の代名詞ともなっている。ちなみに、ホームページも様々なコンピュータ上で表示できるよう一定の文書記述規約に基づいて記述された「ＨＴＭＬ」と呼ばれるテキストファイルであり、これを解釈して図やリンクも張れる文書として各コンピュータ上で表示されるようになっている。

注11) イントラネット

　　　ＬＡＮが組織内でのネットワーク一般を指す名称であるのに対し、イントラネットは、インターネットと同じ通信上の約束事（ＴＣＰ/ＩＰと呼ばれるプロトコル）を使って構築されたネットワークのことを指す。インターネットと同質であり、ホームページや電子会議室など、インターネットで一般の情報サービスが部内でも同じように提供できることから、それまで独自に作られていたＬＡＮも多くがイントラネットに移行してきている。

注12) データベース

　　情報機器の上に構築されたデータが取り出しやすいように保存されているものと考えてよい。普通、データは単独の数値だけでなく、いつ、どこで、誰が扱ったなどという、附随した様々な属性を持っている。また、各種のデータ同士の関係も様々である。このようなデータの属性や関係について整理して保存しておくことで、多量のデータから求めるものが素早く引き出せるようにコンピュータ上に構築される。

　　「リレーショナル・データベース」と呼ばれるものは、正規化と呼ばれる効率的な整理の仕方がされているデータベースのことを指す。「データウェアハウス」は、業務に関連する様々なデータベースを組み合わせて、データ提供サービスを多角的にしていこうというシステムのことを指す。

　　データベースの検索に当たって、「ＳＱＬ」と呼ばれる言語（命令群）が使われるのが一般的で、複数の条件を組み合わせて絞り込んでいったり、いずれかの条件を満たす範囲まで広げたりして検索対象を特定していく。もっとも、直接ＳＱＬを扱うことは少なく、データベースソフトの方で利用者により分かりやすいインターフェースを用意している。

第3節　組織としての取組と発信

♣組織と社会に与えるインパクト

　情報化の進展が社会に与える影響は、マスメディアだけでなくインターネットから携帯と様々なチャンネルが広域に開かれてしまっている以上、どこかが責任を持って制御・統制することは不可能であり、適当でもない。行政ゆえに、責任を持って取り組まなければならないことが多いとしても、このような新しい環境のなかでどのような文化－それも個々人の付き合い方の意味で－が生まれ、定着していくのかについては、それぞれの立場からの発信や行動によって形成していかれるものなのであろう。むしろ何が変わり、そのなかで何が求められるようになるのか、今までと違って良くなる面は何かなどといった、社会環境の変化に伴う行政のあり方への問いかけが重要となる。

　これに対し、組織や組織における仕事に与える情報化の影響は直接的である。ワープロ、パソコンの単発的な導入はまだしも、ネットワークとしてＯＡ化のために導入されるようになった途端、突きつけられる変化となる。当然ながら、新しいものが入ってきたからといって自動的に新しいものに合わせて仕事のやり方も変わるということはない。経験年数が多いほど、表面上はともかく今更ついていけないと思っている向きも多くなる。しかしながら、管理監督者とすれば組織の要請でもあり、若い部下は当然のごとく溶け込もうとするなかで、いかに自らのチームをまとめてこの新しい環境と付き合っていくのかが大きな課題となる。苦手だから目をつぶって見ないことでは済まされなくなるであろう。

　一般にネットワーク化というのは、徐々に進むということは少ない。ある程度メリットを見込むためにはまとまった形で導入されていく。

「我が組織はまだまださ」と思っていると、パッとつながったときに慌てふためくことになりかねない。冷静に対応できるよう、普段から視野に入れておくことにしよう。

　情報ネットワークの構築は、中間管理職の役割を失わせ、組織のフラット化を推し進めるとの議論を展開する向きもある。確かに民間を中心として、長の名のつく人が階層をなす重厚長大なピラミッド型組織は変わりつつある。これはむしろ、その時代時代の社会経済環境へ対応した活動をするための組織としての変化であって、ネットワークを入れたから組織をフラットにできるわけでもないし、それだけで動くものではない。しかしながら、変化のスピードがこれだけ速くなるなかでは現場での迅速な対応が求められる。組織としては、情報ネットワークなどのツールも活用しながら、その対応を模索しているというところであろう。

　振り子は、振れ過ぎるから揺り戻しもある。「お役所仕事」に代表される規則・慣例に縛られたルール過剰の弊害が、変化のスピードが速くなるからこそ現れているにしても、逆にルールは少なければ少ないほど良くなるというものでもない。ルールなしでは、より大きな混乱を招くだけである。これまで急速に進展したため、当然ながら情報化に伴う明も暗も強調される。インターネットに代表されるように、行政が地域住民とつながり、地域住民が広く周囲とつながる可能性を与えてくれるとともに、何かあればコワイ、大変なこととなるという感覚も一般的であろう。どう評価するかは別として、「Ｙ２Ｋ問題」[注1]などは暗に振り回されたきらいがある。

♣組織としての情報化への対応について

　中央省庁では既に１人１台の時代が到来し、「霞ヶ関ＷＡＮ」と呼ばれるネットワークも構築されている。様々な背景があるにせよ、ネ

ットワークのような情報投資は、インフラ整備でもあろうが同時に部内投資でもある。はやりとして「他でやっているから」で済まされるものではなく、積極的にメリットを引き出す努力が求められる。システムを提案・導入する業者、既に実績のある型に頼りがちの情報管理部門は事勿れ主義に加え、部内より専門家であるとする業者からの提案に耳を傾け、現場軽視になりやすい。かてて加えてさきに述べたように自称マニアも保守的である。というなかで導入されたネットワークは、どこかの二番煎じそのままで、現場なり組織なりのニーズを反映したものとはいえず、動かしにくいものとなっている危険があることには注意しておかなければならない。具体的なネットワークなり情報化なりの実現方法は「餅は餅屋」として任せるにしても、管理監督者としては現場からの発信を責任を持って行う役割を担う。そのためには、さきに述べた「イントラネットとの付き合い」でのルールを提案し実現することであり、そのためこれまで「＊＊との付き合い」で挙げてきたポイントを参考のためまとめると、次のようになる。

①メール活用

　　メールを使って何を伝えるのか。伝えない（伝えてはいけない）のは何か。特にメールのような個人からのものと受け取られるコミュニケーション媒体は、組織のなかでルールが定まっていないと、「顔も出さずにメール一本で済まそうとしている」などという冷ややかな反応を招きかねない。

②文書・情報管理

　　民間では物流革命とも呼ばれたように、情報の共有によるメリットは非常に大きなものがある。行政においても、既に財務処理や住民登録などでは集中管理によっているところが多いが、行政における一般事務で、それに相当するのが文書管理であろう。どのようにしてネットワーク上でそれを実現するかについては、一

定のルールが必要である。情報化が叫ばれる以前からしっかりと文書管理のルール作りがされている場合は別として、最近では情報公開の動きが各自治体で進んでおり、組織全体にわたっての文書管理のルール作りがされているはずであり、これがベースとなるのが自然であろう。注意しなければならないのは、整理に追われたり、逆に処理すべき文書や情報が滞留しないことである。日常的な業務に溶け込んで初めてこの手のシステムの有効性が高まる。そのためには、立ち上げ時までの周到なルール作りと、状況に応じた柔軟かつ一貫性のある運用が重要である。管理監督者として、自らのためにも、自分のチームのためにも、その辺りに気を配る必要がある。

③電子決裁

　電子決裁は、ネットワーク上で決裁を済ませようというシステムで、心理的にもこれまでの決裁との違いを少なくするために画像データで印章まで用意できるものもある。電子決裁では、決裁を求める方が上司の空きを待つために動きを制約されることなく、電子決裁システムに登録しておけば、上司が自分の空いているときに対応してくれるとするものである。部下は待ち時間の拘束から解放され、上司も自らのペースを守れるというメリットがある。ただ、実際に顔を合わせて説明を聞かなければ困ると考える上司も多く、まだまだ浸透するところまでは進んでいない。メールによる連絡のルールが定着して初めて広がっていくものかもしれないが、単に今までの形式をネットワーク上に引き写しただけでよいのか、口頭説明に変わる説明を付すのか、付すとすればどういう形でどれくらいを必要とするのか、といったルール作りが明確でなければならない。トップや幹部の理解がなければ進まない分野である。

第3節　組織としての取組と発信

④スケジュール管理

　「ＰＤＡ」(注2)に代表される個人のスケジュール管理をグループで共有し、会議などの設定・予約をネットワーク上で行えるようにしようとするのが、チームでの活用の道の一つである。1日中執務室で顔を合わせている状況では大して必要性を感じないだろうが、それぞれ現場を回っていたり、横断的なプロジェクトチームを組んで作業を進めている場合などでは、非常に便利である。ただ、どこまで個人の都合を入れるのか、オープンにし合うのか、チームとしての合意を形成しておく必要がある。メールによる連絡と併せて活用するとよい。

　また、組織全体としては、会議室などの施設利用について、このスケジュール管理が使われる。施設管理者サイドから一定のルール（例えば、利用の1ヵ月前から予約は入れられるようにするとか、特別予約については所定の手続きを踏むことなど）が設定されることになる。

　以上、主だったグループウェアの機能別にみてきたが、管理監督者として与えられた情報ネットワーク環境のなかで、自らのチームの仕事がスムーズに効果的に進み、従来と違った形であっても、部下のコミュニケーションが円滑になるようルールも徹底し、かつ活用するように努力することである。そしてそのためには、自らがルールに則って積極的にこれらのツールを使って仕事を進め、部下に働きかけるようにするのが早道である。

♣組織風土への同化

　「国際派と国内派があるんです」という言葉は、今や昔話になりつつある。同様に大型コンピュータを中心としたネットワークシステムの時代に、情報管理部門という別世界があり、職員は与えられたシス

テムの使い方（端的にいえば入力と出力の仕方）だけを知っていれば済む受身の時代は過去のものとなってきている。「ＣＳ」（クライントサーバー）と呼ばれるネットワークシステムが一般的となり、日常的な業務の運営に、まずはワープロ、そしてメールと浸透しつつある。そのなかで、今までの仕事の進め方、コミュニケーションの取り方といった、言わば組織風土ともいうべきものが新しく入ってきた情報化の流れでどう変わり、うまく適合していけるのかが問題となる。ここに管理監督者は、主体的にかかわっていく立場にある。

　部下においては、情報化へのアレルギーが強く、できれば触りたくないという向きから、自ら進んで活用していくべきだという態度の者まで様々な思いがある。変化の少ない職場では、長く同じ組織にいる間にその組織風土ともいうべきものに徐々に同化してくる。人は十人十色なのだが、そこではこのような多様性をあまり意識することなく過ごすことができる。ところが、中途採用者が多い職場ではそうはいかない。各人が背負ってきた異なる経験がぶつかり合い、より多様性を直視せざるを得ない状況が生じる。

　情報化の波もこれと同じ効果をもたらすものである。異なる環境が急速に職場に入り込むことで、それに対する反応は人それぞれ異なるという当然の多様性が強く出てくるのである。高度成長期が終えて、大量生産の時代が過ぎてから、多様な人材の確保が長く叫ばれてきている。多様な人材をどのように確保するのかという問いは別に置くとして、多様な人材の個性を活かしてチームをまとめていくことが、従来以上にこの情報化の波という変化を通じて管理監督者に求められるようになっている。それは新しい組織風土の構築につながるものである。

♣求められる発信

　さきにインターネットとの付き合い方で、情報発信の場としてのホームページについて考えてきた。とはいえ、一般に「役所のホームページは面白くない」との風評が立ったのも事実である。個別にみていけば、よくできたものもあるし、総じてレベルアップしている。しかしながら一度立った風評による印象を拭い去るのは容易なことではない。ホームページなどは広報活動の一つとして意識されて行われるものであるから、それなりの努力は払われるだろうが、当初はデザインとか使いやすさとかという感性にかかる部分への配慮は少なかった。たとえその点を強調した提案をしたとしても、そんなことに金をかけることは部内で説明がつかないとして冷ややかな対応しか受けなかった。同様に、窓口での対応など、業務に直結するところで、住民の目に触れる部分でも自治体の仕事ぶりに対する印象や評判が形成されてきた。最近では企業で「ＣＳ（顧客満足）」(注3)が最優先であるという考えが幅広く提唱されているように、行政でも窓口対応を中心とする対住民へのサービスとしての捉え方が当然となってきて、かなり改善されている。しかし「どうせ役所は」という印象を拭い去ることは容易ではないのである。

　どのような形であっても、住民にどう受け取られるかを意識した上でものを進めることが第一歩である。もちろん、本質は内容にあるのであり、そこは行政のプロとしての専門性に立ったしっかりしたものであるのは当然なのだが、それだけで十分とされる時代ではない。良き意図、良き内容が伝わるためには、それをどう伝えるかに十分配慮する必要がある。実際に現場で接する職員を支えるため、管理監督者がしっかりとして注意を払わなければならない課題である。

　まず具体的に細かくどうしろということや、広報だけでなく、他の

活動における広報的な効果を持つ要素やサービスを意識した活動に関心を示し、どれだけの資源を投入するか示し、そのなかでの努力の結果をどう評価するかを示さなければならない。管理監督者として最悪のパターンは、細かいところにはあれこれと口を出すが（それもほぼ完成段階で）、全体の目標、それへの資源の投入などは示さず、うまくいかないとその責任は部下にあるという行動をとっているとみられることである。こういうと、そんなことを意識してする人などいないはずだが、実際のところ個々の局面の積み重ねのなかでこのパターンに陥る可能性がかなりある。制度を守り、執行していくという姿勢からは、発信・広報は本来の仕事でなく付加的なものと考えられかねない。後で触れるように、住民中心の時代には、それを通じた働きかけが、結果が、問われることになる。仕事が増えることで、行政なり、我々なりの仕事のスタンスが変わることは普通ないのだが、この発信・広報についてはまず、効果の先読みが難しい、時期とセンスが大きな要因であり前例踏襲は逆効果になることが多い、などしっかりとした信頼される執行に向かう態度と、あたかも逆向きのスタンスが求められる。この辺りに、最近の行政におけるマネージメントの難しさがある。

何を発信するか

さきにホームページを情報提供の場として考えてきたが、基本は「何のために発信するのか」という目的を明確に意識することである。この重要性は、どんな行為についても、普段の仕事についてもいわれることであり、全くそのとおりなのだが、特に発信では最も重要なポイントとなる。条例や規則などに縛られないからといって、漠然と「ともかく何かやっていればアリバイになるだろう」と軽く考えて動くと怪我をする。一度立った評価をくつがえす努力は、発信先が広範囲であればあるほど指数的に大きくなる。ところが、いくら精緻に考

え分析しようとしたところで、発信の効果は読めないところが大きい。石橋を叩きようがないのである。「どこかが成功したのを見て、参考にすればよい」といって待って、後追いをしていても効果はない。そこでは、リスク覚悟で進む勇気が必要であり、事に応じて対応する軽さが必要である。

　情報化への対応から少し外れるが、これは単に外部に対する発信のみについて当てはまるのではない。管理監督者として、いや組織人として、最も身近な上司への発信についても当てはまる。人の心はどのみち読みきれるものではない。心の扉を叩いて推し量る必要がある。報告をするなり、意向を聞くなり、といった上司とのコミュニケーションはこちらの発信にかかっている。優しい上司なら「どうなのか聞きたいのですが」でも済ましてくれるかもしれないが、自らが管理監督者である以上「こうしたい」「これには疑問がある」という投げる玉を持って当たる必要がある。上司がいちいち道を示してくれるまで待っていることは許されない。そして、ここでも発信のポイントは同じなのである。

　職場でのメールの普及、ホームページを使った広報機会の拡大、情報公開に伴う情報管理など、新しい話題に事欠かないが、外面上の目新しさに躍らされず、次のようなポイントを押さえて対応しなければならない。そして、その見識は管理監督者が持つべきもので、単なるIT屋さん、IT好きに求められるものではない。

①目的の明確化

　　　冒頭に述べたことである。発信の重要なポイントであり、常にこれを意識し、これに照らして考えること。

②イメージの明確化

　　　目的に照らし、何を発信するのか、一度自分のなかでイメージを構築すること。すぐ言葉遣いや細かい表現に走らず、筋立て・

論理構成も含めて、「こんな流れで」ということを考える。これは、特に論理を立てるときとイメージに訴えるときの両極端で必要となる。何もすべてゼロから考える必要はないので、目的を意識しながら、分かりやすいと感じたものの筋立てやイメージに接するなかで、明確になってくるものである。

③相手の立場になって考える

受け取るのはあくまで相手である。「そのような意図ではなかった」と言い張っても、詮無きこととなる。受け取る、あるいは使う相手の立場に我が身を置いて考えるのが、相手に対する想像力を高めることになる。特に対外的な対応では、「我々のことを考えてくれていない」ということに敏感なのが一般的である。民間企業のようにＣＭを打ってまでイメージ作りに腐心することは余計ともいわれかねないが、レストランに入って、ウェイターやウェイトレスの対応や、注文したものの出方など、（良い意味でも、嫌だなというときも）誰でも一つや二つ気になるところがあるのも事実である。おいしいものを出せば十分で、嫌ならほかでどうぞと威張る店がもてはやされた向きもあったが、行政のように広く住民に提供する立場であり、基本的に他の選択肢を一般に住民側はとれないなかでは、そこのちょっとしたトバ口でのサービス＝発信がイメージ作りに大きな影響を与えるのである。窓口業務に限らず、すべての職場で管理監督者を中心に、特に発信において相手の立場になって考える風土を作ることで、地に足が着いた発信になる。

以下のポイントは、特に情報化ゆえ強調されるようになったものである。

①広く利用される工夫を

情報化のメリットの源泉は、ネットワークにあるといわれるほ

どである。これはどういうことかというと、芋づる式ができること、場所の違いを気にせず、どこからでも持ってこれることが、世界をはじめ新しく事業が展開されていく基盤になってきたからである。これを発信の面から捉えると、一つ孤立して自分だけでやっていればよいという時代ではなくなったということである。例えば花火大会一つをとって考えてみても、最低「いつ、どこで打ち上げる」ということを知らせる努力をするのは当然としても、街頭のポスターだけでなく電子媒体に乗せる、そしてそれをネットワーク先まで広げる、さらには花火をデジタルカメラやビデオで載せる、各自治体同士で花火の輪を作る、等々「友達の友達はみな友達」ではないが、その手の発想も持ち込むようにすることが大切となっている。

②メンテナンスを考える

　ホームページのところで更新の重要性に触れたように、情報化を利用した発信の強みは「いつでも見たい人が見れる」ことにあるが、逆に一時いいものを作っても、それ以後そのまま変えずにいれば終わりとなる。上述のネットワーク作りにしても、「何かあったら＊＊の自治体のホームページに」というものにしても、それなりの継続的な更新があって初めて活きてくる。管理監督者として、また組織としては、逆に維持する側の負担もきちっと見据えて、最大の効果を発揮できるよう気を配る必要がある。よく「新しく、はやりだからやろう」とか「＊＊さんは得意だからやらせてみよう」とかという要素が強く入って始めたものは、人が変われば廃れる、という憂き目にあいやすい。出来上がったときには目がいくが、その後をケアすることは大変なのが常である。この手の大変さについての想像力や組織的な了解が一般的でないうちは、特にメンテナンスについて強調してもし過ぎることはな

い。

　以上を押さえつつ、ホームページ・ニューズグループ・マスコミ・広報誌など様々な媒体から選び、イメージを持ってつなぎ合わせていき、目的に向かって発信していくようにする。

♣セキュリティ

　最後に、情報化を議論するときに忘れてはならない三つの大きなポイントが残っている。その一つがセキュリティであり、情報化されることによる「怖さ」「危険」といった明るくない面に関することである。知らないものに対しては、警戒心が働きコワイものである。よく知っていれば、外見などからコワイとか危険ではないかといわれても、「下手に扱うとそういう面もあるが、こういうふうに気をつけていれば普通は大丈夫だ」と考えることができるし、「でもここは注意しなくては」と冷静に考えることができ対処もできる。知らない人にとっては、危険の度合いや気をつけるべきところなどについていくら説明されてもピンとこず、付き合い方に戸惑ってしまう。下手をするとうわさがうわさを呼び、とんでもなく危ないものだということになってしまいかねない。

　情報化、特にネットワーク絡みの話は情報が目に見えない（音も聴こえない）形でやりとりされるため、そしてよく知っているとされる人に聞いても何かカタカナ英語の飛び交う別世界の話が多いため、かなりの人にとって知らないもの、知りたくないもの扱いになっている。そこにコワイ話としてセキュリティの話題がある。ここでは、技術的な話ではなく、管理監督者として、この手のコワサとの付き合い方を考えていく。

管理監督者にとってのセキュリティ

　職場の管理監督者が押さえるべきセキュリティと、情報管理者が考えるべきセキュリティとは違う。管理監督者は、職場において扱っている情報の重要性・機密性、そして広めるべき、あるいは広めたい情報かどうか、その程度も含めて考えておかねばならない。そして、それを自らの職場に情報化の波が押し寄せてきたときに発信しなければならない。

　既に情報化の波に洗われている場合でも、一度しっかり見直す必要がある。管理監督者ともなれば、何でもかんでも情報を集めて抱え込むことはできない。自分なりに優先度をつけて整理し、また部下にも整理するよう指示しているはずである。ところが、「おたくの情報について重要度や優先度をつけてください」とでも言われようものなら、「すべて重要で、高いセキュリティがなければ、恐ろしくてネットワーク上などに載せられるものではない」という反応も往々にしてみられる。情報化の最大のメリットの一つは、情報の共有なのである。

　民間における極端な例としては、組織内ではすべての営業情報をオープンにすることで相互協力が進み、新しい顧客開拓もできたという話があるなど、大きな飛躍の種を花咲かせたところもある。もちろん、それなりのセキュリティ－見れる人・扱える人の範囲を限定することーは必要であるが、情報の共有化のメリットについても見据えて、その色合いをしっかり示せるのが管理監督者なのである。

　変化の時代といわれて久しいが、今までやってきた基盤はできれば変えたくないのが人情である。「うちの情報は、ネットワークに載せるなどとんでもない」という反応が担当者から出るのは自然ともいえよう。組織的には、トップのコミットメント（後押し）が最も重要であるが、管理監督者こそ見識を持って考え発信していくべきところな

のである。

情報公開とセキュリティ

　セキュリティを隔離とするなら、その逆の方向性として情報公開がある。一見背反するこの両者の要請にどう応えていくのかが大きな問題となる。もちろん、組織として取り組まれる課題であるが、さきの情報の共有化とセキュリティの話と同じ延長線上で考えるべきであろう。ともに、クールに情報の質と中身を見極める力が管理監督者には求められているのである。

無関心は許されない

　管理監督者に技術的な面での知識や、具体的な操作の習熟を求める必要はない。しかし、自ら責任を持つ情報について、その取扱いはしっかり関心を持って見届ける必要がある。「そんな新しいものはどうも」と言って済ますことはできない。具体的に管理監督者が押さえるべきセキュリティ上のポイントとしては次のようなものがある。

①職場内での物理的・精神的セキュリティの確保

　　ネットワークは怖いといって、情報をフロッピーディスクに引き上げても、そのフロッピーの管理がずさんでは意味がない。ネットワークも一般にパスワードで守られることが多いが、その管理については無関心でパスワードの変更も随時されていないようでは、自ら危険を招いているようなものである。普通、庁舎管理で守られているとはいえ、大事なものは片付けて、できれば鍵がかかるところに保管しているはずである。このような当たり前ともいえる日々の心がけを当然とする環境作りにこそ、管理監督者の責任がある。最も効果的なのは、自らの仕事の大切さに目を開かせることであり、その責任の一端は自らになっているという意

識があるか否かである。この意識さえあれば、一言注意すれば十分なはずである。情報化されネットワークにつながった職場では、さきにも述べたバックアップを行うことなど、新しい対応が必要となる。そのための職場でのルール作りのなかにセキュリティの観点を忘れずに入れなければならない。「仏作って魂入れず」といったことにならないよう、先ほどの意識作りとルールの意図を結びつけるのが、管理監督者のできる最良のセキュリティ対策である。職場ではよく情報管理者がとりたがる「許可なくして何もできず」という、何か変なことをされるのではないか、人は信じないとでもいうような態度で望んでいては、自ら情報化のメリットをそいでいるようなものである。

管理監督者の持つべき意識は、自らの仕事にかかる情報管理のセキュリティは、自らの責任の最も大きなものの一つであるということである。それは、ネットワークだからとか、情報化だからとかといって初めて議論される話ではなく、自分が責任を持つ組織管理の話として、その当然の帰結として導かれるものである。情報化とかカタカナ英語に惑わされず、セキュリティへの意識を仕事への意識とともに高めていこう。

②プライバシー

特に行政では、住民の個人情報を扱う場面が多い。かなり以前からこれに関してプライバシーを尊重して扱うよう要請されてきている。したがって、既存のシステムができているところでは、それなりに配慮がされ、職場での意識も高くなっているはずである。しかし、情報化やネットワーク化という新しい環境のなかでは、もう一度広く組織的にプライバシーの尊重について見直していかねばならない。便利になるだけ慎重さも求められる。

③著作権

　著作権の問題といえば、ソフトの不正コピー使用というのが、情報化に関連して真っ先に思い浮かぶかもしれない。それも大事な問題であるが、加えて特に注意すべきは、人のもの、一般に出回っているものを使うときに、この手の問題に留意しなければならないということである。そもそも行政は、民間企業のように営利を目的としないことから、そんなに著作権に対し敏感でない傾向がある。しかし、ホームページなどの広報を含め、しっかり意識を持っておく必要がある。特に若い人に任せきりにしておいて、後で問題が起こったというのではどうしようもない。管理監督者として、経験のある社会人の目から、プライバシーや著作権など、そして倫理的な面についても目を光らせておくことが求められている。

注1）Y2K問題

　「Y2K」とは、Year 2000の略で「2000年」を意味する。かってコンピュータのスピードも遅く、メモリも限られていた時代に、年月日といった時間情報は西暦の下2桁だけで記述するのが普通とされていた。その環境で開発された様々な業務ソフトにおいて、1999年12月31日の次は2000年1月1日ではなく、1900年1月1日の扱いになってしまい、混乱が予想されて、その修正に追われたのがY2K問題であった。特に、Y2K問題の危険があるとされる業務ソフトは、今はほとんど使われない「COBOL」と呼ばれる言語で記述されたものが多く、それを扱える人が限られていたことや、制約があるなかで様々な工夫をしてプログラムを組んでいたため、他人には非常に分かりにくくなっているものがあるなど、その対応の負担は大きなものがあった。

無事に2000年を迎えることのできたシステムがほとんどだが、仕事で使うものは他人にも分かりやすくしておく（自分も後で分かるようにしておく）ことが大事であるという教訓を残したといえよう。

注2）ＰＤＡ（Personal Digital Assistant）

　　個人のスケジュールなどの電子情報を持ち歩ける形にした小型情報機器のこと。アップル社が提唱し、「Newton」が開発されたが普及はいまいちであった。同様に「電子手帳」などという形でＰＤＡを実現した様々な機器が開発され、それらはかなり普及している。個人用スケジュール・住所録・メモ帳などを提供する機能面から捉えて「ＰＩＭ」（Personal Information Manager）とも呼ばれる。最近では、携帯電話上でこの機能を提供するようにもなってきている。

注3）ＣＳ（顧客満足）

　　お客さま第一の姿勢で業務を展開することが、サービスの質を高めると同時に企業の成功にもつながるという考え。当初は、窓口や営業を抱える部門で苦情などの減少を図るための取組として進んできたが、組織全体の変革を求める視点として最近は強調されるようになった。「生産者中心の発想から消費者中心の発想へ」という考えにもつながるもので、大量生産の時代からソフト化の時代に移行しているなかで生まれたもの。

第4節　異文化への対応

　よく「国際化」といわれ、自治体でも姉妹都市で海外との交流をされているところも多い。姉妹都市になるには、一般に共通点や似た環境があり、国情が異なるなかでも自治体の異なる取組には示唆されるところが多いのも事実であろう。また目を民間に転じれば、国際化は大企業だけでなく、中小企業にも広がり、国レベルでは従来「ドメスティック」（国内的）といわれてきた農業をはじめとするほとんどすべての分野で、国際的な問題への対応、せめぎ合いは当然のこととなっている。このなかで自治体を見ると、置かれている状況によりかなり温度差がある。外国人労働者の問題が取り上げられる大都市がある一方、地域によっては海外との交流で新しい風をという意識のところもあろうし、観光面から力を入れているところなど様々である。

　ここでは、国際化一般として議論するのではなく、タイトルに挙げたように異なるものとの付き合い方として捉えていくこととする。したがって、別に日本以外の人やモノ・考え方といったことに限らず、国内にあるものも含めて考えていくこととする。

♣多様性の許容

　「異なる」といった途端、「何と」異なるのかという対照となる基軸が無意識にせよあるはずである。管理監督者にとっては、まず自ら属する組織の文化（役所なり、地域社会なりを想定する）が基軸であろう。この視点からは、内なる異文化と外からの異文化がある。「内なる異文化」とは、例えばあなたの部下に「あいつは分からん」「別次元の発想なのか、おかしいのか、全く分からん」と思う相手がいることである。つまり行政組織をとれば、各構成員が必ずしも同じ文化

第4節　異文化への対応

（組織）を共有していないことである。地域社会でもしかり。昔からある世代ギャップは外形（年齢）と関連付けて捉えられる異文化である。一方、「外からの異文化」とは、自治体でいえば外国人労働者であり、Iターン・Uターンで入ってくる人々の都市文化である。もちろん国際化も含まれるが、外部と意識される人やモノとの接触の機会が否応（いやおう）なく増えることで意識されることとなる。

　「最近の若者は…」と、昔から、そして今でも言いかねないように、異質なものに初めて接すると免疫反応ともいえる「それを同化しよう」「異なるところは抑えてしまおう」「自分とは別世界のものとして隔離してしまおう」などという自己防衛機能が働くものである。そもそも「異なる」ということが分かるために通過すべき関門ともいえる。問題はその次からである。「免疫ショック」というのがあるそうだが、過剰な反応は逆に大きな問題を生みかねない。欧州では、アフリカやトルコなどの旧植民地からの移民が多く、政治的にも国粋的・排他的主張を掲げる政党がそれなりの勢いを持つようになっている。これが大きくなればそのまま問題につながるとはいえないまでも、旧ユーゴスラビアでのコソボ紛争などの民族対立が悲惨な結果をもたらしたのは明らかである。民族の違い・宗教の違いが引き起こす対立から起こる問題への対処が、世界的にも重要な課題となっている。

　日本の社会で、ここまでの対立や問題がすぐ起きるわけではないだろうが、民族や宗教に限らず、広く異なる考え、生活態様を持つ人との関係と考えれば、管理監督者にとってもヒトゴトではなくなるのである。20年も前から「価値観の多様化」はいわれてきて、「多様な人材の確保」もかれこれ10年になる。にもかかわらず、役所には最近多様な人材が増えてきて、多少混乱はあるが、面白いところだという話を聞くことはむしろ少なくなったかのようである。「異文化」と言わず、「多様性」と言い換えるとしても「どのようにして取り込み、活

かしていくのか」が組織として問われている。

♣組織内での多様性

「多様な人材の確保」といっても、外見上様々な年齢・学歴・専門分野があるということではなく、ここで求められているのは、異なる視点・発想を持つことができる創造力豊かな人材のことである。組織に属する以上、ルール、例えば服務規律は守らなければならない。組織としてまとまって機能し得るためには、それなりの求心力が必要である。かたや多様性を許し活発に自由に発想し動けるということは、組織にとって拡散させる力を働かせることにもなる。したがって、この両者のバランスが重要なポイントとなる。特に公務においては、求心力というより、隔壁とでもいえる制度がそのかわりをしている側面も強い。これらは、固い殻となって変わらないものと受け取られて、一般には「役所は融通のきかない、変わらないところ」との印象を与えている。しかしながら年功序列や春闘など、日本社会に定着して変わらないと思われていたものが、新しい時代に向かって変質しつつある。行政組織にとっても、行政改革に象徴されるように一見堅固であった殻も脱ぎ捨てて新しい形の求心力を探していかなければいけないときが来つつある。今までも「給与を高くすれば、良い人材が集まる」というような単純なことはなかったように、形の上で制度なり慣例というものを変えても、人が集まって形成される組織風土の変革は容易には起こらない。行政組織においても、いやだからこそ管理監督者が自ら責任を持つチームにおいて、制度や慣例に頼り過ぎない求心力の形成が求められている。そしてそれと表裏をなして初めて達成できるのが、多様性の許容なのである。

　これから中途採用の道も開け、高齢化に伴い再雇用の機会も増えてくる。経験年数が長いから、ここで長く働いたからということだけで

尊重されることは期待できない。若くても責任を持ち、人を率いることもあり得るし、経験が長くてもフォロワーとして頑張ってもらわなければならないという状況が来ようとしている。このとき、人に対する納得性のある評価ができるか、それに基づいて組織は動いているか、ということが問われるようになってくる。年功というシステムのなかでもそれなりの評価と、それを受けた組織の動きがあったわけだが、このシステムに（心底、納得を得ていたかは別として）どっぷり漬かって従っている限りは、評価の方法・実施について、正面から問われることはなかったといっていいだろう。拠って立つものがなくなって、初めて正面から問われ、年俸制とか業績主義という言葉の飛び交うなかで、正に年功制と同じく「評価の妥当性」に疑問を持ってしまうという声が絶えない。評価のシステムを組織的に統合し、リソース配分に反映させていくことは、それぞれの組織で取り組まれるべき課題であるが、まずそれを支えるのは管理監督者の人を評価する温かく厳しい目である。同時に、組織の求心力を保ちつつ、人が生き生きと活動できる環境・風土の形成も、今まで以上に管理監督者に期待されるようになってくる。

組織の中の多様性のメリット

多様性といっても、その何が良いのか、今一つはっきりしないまま追っかけているのではどうしようもない。そこで多様性のもたらすメリットについて挙げておこう。

①客観性の担保

　　同じ立場、同じ経歴の人たちがみているだけでは、いくら人により違うといっても、一方向からみて満足している可能性は否定できない。「人は環境の動物である」ともいわれるように、結果としてそれまで組織のなかで大きな顔をしていた価値観に沿って

考える癖がついているものである。例えば外部の異文化で育った人の視点を入れることは、自らの文化・考えを相対化するきっかけともなり、客観性を高める道につながる。

②新しい発想の温床

新しいことを発想するというのは、別に誰でもできることである。ただ実際に役立つ形にできるかというと確率は低いし、1人で考えているだけでは思いつくアイデアも限られる。「3人寄れば文殊の知恵」ともいわれるように、他人の持つ異質なものに触発されてアイデアも出やすくなるというものである。異なる視点から生まれる異質のアイデアのぶつかり合いのなかでこそ、実際的で斬新な発想が生まれる確率は高くなる。組織として多様な人材を活用することは、多様な人材が生き生きと活動できる環境を形作り、それを創造性の温床とすることなのである。

③多面的能力の確保

「組織の強みは分業にある」ともいわれる。質的な差は求められず量的な要素が支配的な仕事では、まず頭数をそろえることを優先するであろう。一方、「知識労働」（ナレッジワーク）とも呼ばれる仕事では、様々な面での能力の頭数、つまり多様な人材をそろえることを優先するべきである。もっとも人を集めただけではだめで、相互のコミュニケーションを円滑にし、協働できるチーム作りが必要となる。

これらのメリットは、一定の環境がなければ十分に発揮できない。成功したベンチャー企業などにおいては、そのような環境が形成されていたのであろう。夢があり、ミッション（使命）が明確であり、その実現のためには謙虚でがむしゃらなこと、失敗を前向きに受け止める、といった職場風土ともいえる。制度疲労は、どんな組織でも同じことを繰り返していたのでは逃れられない宿命である。常に新しく生

き生きとした行政組織であるためには、常に新しいことに前向きに取り組む管理監督者が求められる。

♣社会における多様性

　地域社会における多様性は様々である。一般に、日本は「均質社会」といわれ、バブル期には外国人労働者問題が騒がれたが、それ以前から在日韓国人が多い地域もあったし、そもそも日本文化の成り立ちそのものが東アジアのなかで考えるべきことなど、異文化との付き合いは常にあったともいえる。ここでは、個別のテーマに入ることはできないし、一概に論じられるものでもないが、さきに挙げた「組織内の多様性」を相対化する視点を持って、それと表裏をなすものとして同じような姿勢を持って社会における多様性にも向かい合うことが必要である。組織内においても一種の免疫機能が働くように、社会におけるこの種の反応は一層コントロールが難しいだけに、社会における多様性を活かす取組はより難しいものとなる。

　また、地域社会にとってIターンやUターンで戻ってくる人々だけでなく、情報化による外部との接触の機会が増えていることで、従来とは違った形で「異文化との対応」が生じていることを忘れてはならない。

　いずれにせよ、自然な免疫反応を解いていくには、人と人との触れ合いが出発点となる。互いに手探りながらも、分かり合える場を行政の側としても提供していく必要があるだろう。

> **最小有効多様性の法則 Law of Requisite Variety**
> 　サイバネティクスの研究から生まれた法則で、システムが対象を制御して結果を得るためには、対象が変化できるのと同程度の多様性を持つ必要があるとするもの。ここで、多様性とは取り得る状態の数であり、これを組織に当てはめて考えれば、環境の変化が激しいほど、組織自体

にも多様性を保持しなければならないことを意味する。その意味で、単純な職能別組織から、事業部制・分社化・マトリックス組織など現在様々な形で模索されている新しい組織形態は、組織の多様性を増大させることによる対応とも考えることができる。一方、ベンチャー企業がニッチ市場に進出して急成長を遂げることができるのも、環境の多様性を限定することに成功したからこその結果であると考えることができる。

第3章　政策形成と住民中心の視点

　以下、政策だ何だと大風呂敷の話を進める。その前に本書における視点ははっきりさせておきたい。ここではあくまで一管理監督者として、どのような心構え、姿勢が求められているかということからのみ考えていくものである。したがって具体的な行政の中身に入るものではないし、特定の政策提言を試みるものでもない。もっとも一管理監督者を念頭に話を進めるといっても、これからの行政組織や政策のあり方への問いかけが必要であることは否めない。

∞　第1節　政策形成　∞

♣制度から一歩踏み出して

　行政には、法に則り、公正かつ信頼の置ける執行が求められる。恣意的な取扱いや不当な裁量は許されない。さきに、変化していく社会への対応の必要性を強調したが、「間違いなく」「規則に則って」進められている行政執行の側面は、今後も背骨であり続けるべきであろう。むしろ、しっかりとした意識で行政執行に携わっていてこそ、現実に起きている、また起きつつある様々な問題やニーズを認識する基盤ともなり得る。そこでは、「決まっていますから」と進めざるを得ない一方、後は見ないふりをしたり、その先を考えないということに逃げてはいけない。現実に、直接住民と接触する職員こそ身にしみて感じることが多いはずであり、それを束ねる管理監督者は、正確で公平な執行に気を配る一方で、そのなかで生じる様々なギャップや思いを受

け止めるチャンネルも開いておくことが重要となる。もちろんＣＳ（顧客満足）重視が行政に必要といっても、完全に民間企業と同じ次元であるわけはなく、ニーズのみに引っ張られていると、一部の声の大きなニーズにのみ目がいってしまい、公平性を含めたバランスを崩す危険も大きくなる。

　管理監督者としては、現場からの声も聴きつつ、行政全体にわたる視野を持つくらいの意気込みで初めて真の調整主体となることができる。最も不幸な状態は、「現実は違うから、運用はそれなりに」とか「決まりは決まりで、つべこべ言わずに、そのとおりにやればよい」といって、両者のつながりを絶つことである。確かに管理監督者になれば、小間使いのように走り回らず威張っていられるのではないかと昔の上司を見て考えたかもしれないが、それは組織や制度に守られてきた時代の話で、地位や権威に周囲が頭を下げていただけのことでしかない。

　組織における文化、当然であった慣行に疑問が投げかけられ、真摯に受け止めなければならないなかで、管理監督者として萎縮したり、動きにくいと思うのではなく、堂々と胸を張って挑戦する課題として、正面から現実と仕組みの両方の調整に取り組むことが求められている。「決まりですから」としての対応をさせざるを得ない立場にいる以上、制度から一歩踏み出して考えることから始めよう。

♣行政のプロとして

　管理監督者の本務は調整にあるといったが、より具体的にいえば、現実の場のニーズを踏まえてバランスよく制度を少しでも変えていく橋渡しの機能のことである。何かあるとすぐ「行政は何をしていたのだ」という声が湧(わ)く間は、うがってみれば期待されているといえるかもしれないが、住民独自の地域社会へのかかわりも、草の根運動や市

民団体からボランティア、NGOなどと広がっている今日、制度のお守りを担当しているから信頼され尊重され続けるということは期待できなくなっている。行政官には、どのように制度をお守りしていくのか、どう育て、適応させるのか、プロとしての力量・見識が問われている。

担当業務のプロ意識

　まずほとんどの管理監督者は、ヒラの職員としての経験をそれぞれ持っているはずである。はじめは誰でも研修を受けたり、OJTを通して一人前の顔をするようになってきたわけだが、突き詰めれば仕事をして給料をもらっているわけである。一面では行政組織という階層のなかで、その一つの歯車として動いているともみれることから、埋没してただ目の前のルーチンをこなすことで満足しかねない。しかしながら堂々と胸を張って仕事をするためには、少なくとも担当している業務については、プロとしての意識を持って実践すべきであろう。何が真のプロかについては様々な見方があり得るが、相対的にせよ「その道について専門的な知識や技能を持ち、自らがよりよく、より完璧にしていく道を見つけ出し、追及する姿勢を持って、その成果が他者から評価されるものを生み出せる人のこと」と考えることができよう。

　一般に、単独で行い成果が目に見えるものについてはプロが育ちやすいが、組織のなかでも、上の意味でのプロ的な存在として認知される人はいる。管理監督者であっても、まず一般の職員と同じく「担当業務のプロ」としての意識を持つことである。その意識の別れ目は、仕事をやらされているものとみるか、自らの仕事としてみるかの差である。「一段いや二段上の上司になったつもりで仕事のことは考えろ」といわれるのは、一つにはより広い視野で何が自分や自らの属するチームに期待されているかを捉えろということであり、おのずと自らど

う進んで取り組むかという姿勢が生まれることになるからであろう。そこでは、これまでやってきた職務経験のなかで、見てきたり接してきたりしたなかから、上司の良い点を盗み、おかしいと思う点を繰り返さないという評価の目を養うことが大切である。管理監督者が係員と違うのは、自らの率いるチームを「担当業務のプロ集団」として育成し、自らも役職に応じたプロ意識を持つところにある。その現れは、例えば部下に対する厳しさと、事に当たって逃げない責任者の姿となる。

♣政策形成のプロへ

　管理監督者が1人だけで「担当業務のプロ」として孤立しているのではなく、プロ集団を率いているということは、担当業務の執行そのものの量的な部分は下に任せていけることを意味する。同時に一職員と異なり、管理監督者という立場なりに求められる役割も変わる。

　大きな行政組織では、執行に当たる現場とその制度を作る部局とは別であり、お互いの向いている方向は、かたや現場かたや首長や議会の政治的な動きと必ずしも一致しない。しかしながら、これまで再三みてきたように、様々な局面で大きく地域社会が変わってきている。一方制度なり仕組みの変わり方は総じて遅く、後追いである。変化が速く、多方面で起こっているなかで、従来と同じような対応のペースで臨んでいると、行政に対する風当たりはますます強くなり、その信頼も失いかねない。これまでは現場の実態はそれぞれ各部局の報告として数値や形式的な文章にされるだけで、むしろ住民の声は議会なり首長などを通して反映されるとの受け取り方が強かった。そのなかで政策の立案は進んでいる。もちろん、幹部ともなればそれなりのインフォーマルグループを通じた影響力があるから別として、普通の管理監督者は企画に携わるところに行かない限り、「政策形成」など、どこか上の、中央に近いところでの話で、自らに関係がないとの考えも

あったかもしれない。もちろん、今までも条例・規則・運用方針など制度に則って執行を行う部下を束ねる立場として、政策の動きには敏感であったはずである。しかし、これからは一見企画部門と遠く離れているところの管理監督者にも「政策形成のプロ」としての取組、少なくとも姿勢が求められるようになる。いやむしろ、こちらのサイドからの政策形成への影響力がどれだけあるかが、自治体の活性化の鍵となるといってよい。既に民間では「エンパワーメント」(p.137参照)が強調され、組織のフラット化も進んでいる。「もう中間管理者はいらない」とのいいぶりも耳にするが、これとて「従来のオミコシ管理者はいらない」ということであって、新しい時代の要請に対応できる管理監督者の育成は、むしろ官民を問わずすべての組織にとって喫緊の課題なのである。

♣政策形成のポイント

では、具体的に管理監督者に求められる政策形成の役割とはどのようなものなのだろうか。政策自体はそれぞれの分野に応じ、個別具体的な行政の取組から出来上がるものであり、すべてをカバーする議論はできない。しかし、幾つか共通するポイントを挙げることはできるであろう。先ほどニーズと制度の架け橋であるともいったが、その架け橋となるためには何が必要かを考えていこう。

一段上の視点を持つ

住民Aさんの話を聞いて、「これこれのサービスが必要だ」という声が耳に入ることがある。ニーズに応えるということが、このようなAさんの声に直接答えることで済むならば、住民の数だけの声があるとしても、コツコツ積み上げていけば、それだけニーズに応えるという目的に近づけるはずである。ところが現実はそう簡単ではない。一

時脚光を浴びた「何でもやる課」のような対応が広まらなかったように、住民の声は真のニーズの反映ではあるにせよ、そのものではない。もちろんすべての声に応えることはできない相談で、行政の対応も、行政サービスの効率性や、ニーズの充足度といった有効性の面も絡んでくる。このなかで、ニーズと制度の架け橋となるためには、バランスのとれた一点を見いだしていかなければ、どう動かしていいのか見えなくなってしまう。例えば、現行の制度がニーズと離れて問題があるからといって、気がついたところから手直しをしていけば十分ということはない。制度を一つの建造物としてみるなら、一箇所を直してそこは便利になったとしても、それが原因で他のところがおかしくなるようでは困るのである。プロのプロたる所以（ゆえん）は、手直しに当たって全体の動きも考慮して、一見直接的でないように見えても、実は効果的な直し方を見いだせるところにある。だからこそ政策形成へかかわるに当たっては、一段いやもう一段上の視点に立つ必要があるのである。

下からの信頼の上で

次に架け橋の役割を果たすためには、組織からの信頼の確保が生命線となる。部下からみれば、優しいとか厳しいとかいったことより、管理監督者の判断に従って動けば結局はうまくいくということが最も重要なことである。管理監督者がリーダーとして、部下からの意見や、現場の情報に立って、的確に目標を示し導いてくれるという期待に応えるリーダーシップがそこでは重要となる。同じプロとはいえ、組織におけるプロは、「頑固で偏屈でスゴイけれども何も聴いてくれない」と思われるような職人肌のことではない。組織として動く以上、円滑なコミュニケーションを通じてプロとしての姿を正しく映し出し、見せていくことも重要な取組の一つである。さらに上司や、関係部局と

いった外からの信頼も欠かせない。職制上、より上位の職位に就くほど下からの素直な声というものに飢えてくるようになる。上司だからといって過度に奉られて、本音が聞けないというのでは不安になる。生意気な新入生なら素直に本音をぶつけることでかわいがられることもあるだろうが、管理監督者ともなれば、単に本音だから、素直だからとして許されるものでないのは当然である。政策形成にかかる管理監督者としての発信は、それなりの価値観に立った判断の上で行わざるを得ない以上、そのモノサシ、その判断の基となった情報などの足許が問われる。下からの信頼に立って、現場の声を、政策につながる形で、まずは全体像としてどのようにニーズを捉えるか示し、その上に立った提案を行うことになる。

企画力を発揮して

このためには、一つのまとまったイメージを構成し、さらには実現性も含め一つのまとまりとして提示する企画力とでもいうものが必要である。そこでは言語表現としても、「議論より説得・表現するというレベルの話」と、ペーパーとしてコンパクトに論理立てて示せるという「文章表現の力」と、最近いわれる「プレゼンテーション力」という三つの面を合わせた「訴求力」とでもいうべきものが必要となる。口下手・筆不精・引っ込み思案と、表現については人により不得意だという思いがあるかもしれない。しかし、「多弁必ずしも雄弁ならず」で、人にはそれぞれ自分なりの表現スタイルがあるわけで、それを踏まえた上での周囲への発信なのである。もちろん自らの表現力を磨く努力は欠かせない。これまでも様々な場で「さすが」と思う語り口や企画書やプレゼンテーションを目にしてきたはずである。また自らも企画書や報告書をはじめいろいろな形のペーパーを書き、上司に手を入れられてきたはずである。そして今や部下が書くものに朱を入れる

立場にもなっている。これらの経験をいかに活かして自分流を磨くかが最大のポイントとなる。いくら良いものでも、単に何でもまねるというのでは、その対象が他人様の異質なものである以上、ぎこちなくなかなか身につくものではない。むしろなぜ良いと感じたのか自ら納得できるところを、少しでもよいから実践してみることが表現力向上の王道である。最初は気にしていないと抜け落ちてしまうことも、続けているうちに自然に自らのものとなり次のステップへと進める。

　一方、表現力と表裏をなす「構想・構成力」といった側面も無視してはならない。いくら表現がうまくても、それだけではよしとされない。仕事である以上それに先立つのは内容である。これまでにも挙げてきた現場の声・ニーズの把握・時代の流れを見通す努力、一段といわずより上位の管理監督者の立場からの視点、そして自らの経験と考えに支えられて内容は豊かになっていく。様々な要素を取り込んで、内容が固まってくる。

技法は道具にすぎない

　政策形成も一面、問題発見・問題解決といった活動の一形態としてみることができ、そこではいろいろなツールや技法も開発されている。「意思決定システム」「政策情報システム」「戦略的情報システム」など様々なネーミングの下で、提供・提案されることも多い。特に民間企業では、利益といった数量的物差しが最優先となることから、情報化の進展にあわせて「損益分岐点分析」(注1)「トレンド分析」(注2)果ては「数理的モデル」(注3)までといろいろな形で提供される。行政においても、それぞれの分野に応じ、このようなシステム構築をすることにも意味がないわけではない。仮に利用可能なものが手許にあるならば、管理監督者として、それなりに理解し活用するにしくはないが、このようなシステムや技法が使えることや、それについて詳しくなることが目的

ではない。極端にいえば部下なり、担当者・専門家なりにやってもらえば十分なのである。その目的であるよき意思決定、それに至る政策内容についてのしっかりしたイメージ構成にいかに結びつけるかが、管理監督者の出番である。

　どのようなアプローチをとるにしても、行政が働きかける地域社会の現実への想像力と、それに働きかける行政サービスのよりトータルな全体像を常に意識し、それを作り上げていく意識が最も重要である。現場の声にせよ、制度の詳細にせよ、上からの掛け声にせよ、一つだけに振り回されていては、まともで実際に機能するものは作り上げられない。また、どのような技法を使おうとも、それから導かれる結果を鵜呑みにせず、経験と知見に立ったチェックは欠かせない。そこのセンスと経験こそが、管理監督者としての存在意義に今やなりつつあるといってよいくらいの時代なのである。

　余談になるが、狭い意味での上からの掛け声や、これまでやってきたことを新しい事態にもなるべく手を加えず通してしまおうといった形のアプローチに固執し過ぎていると、気がつくと職業倫理を問われることに踏み込んでいないとも限らないのである。プロとしての職業倫理はもちろん、全体のイメージ形成、その問題を広く問いかけることにある。それこそが、「＊＊をやってはいけない」という形ではなく、行政に対し外から期待される高き倫理観を掲げられる基盤となるのである。

♣プロの育成

　昔から人材の育成は、組織の活力維持の要である。どんな企業もその成り立ちは一種のベンチャーであるともいえ、今も元気なところは、その創業者の姿がいろいろな形で息づいている。行政において、企業におけるシンボルともいえるこのようなメッセージの源、求心力を求

めることは一般に難しい。お上から、仕組みとして作られたものという側面から抜け切れないところがある。

しかしながら、行政もまた組織である。これまで日本において、相対的にもまじめで優秀とされる若い人材の供給を受けて維持されてきた。これも社会における行政の位置と信頼、さらには安定性の上に立ったものといってもよいだろう。ただこれからは現在の管理監督者が育ってきた環境と大きく変わっていく状況のなかで部下は育っていく。単に「黙ってやり方を見ていろ」で育つ割合は低くならざるを得ない。管理監督者にとっても、人材育成は組織のためにも、自らのためにも重要な仕事なのである。仕事についてのプロとして臨むことが求められているのと同じく、部下の育成についてもプロとして、新しい状況を踏まえつつ臨まなくてはならない。研修のような組織的な取組も変わっていかざるを得ないであろうが、管理監督者自らが進めるＯＪＴについても、従来と違った取組が求められるようになる（第７章参照）。

従来のあり方・やり方が問われるときこそ、それを行う根っこ、基本に立ち返って考えることが大事になっていくことは変わらない。

♣政策形成の技法

政策形成における公務員の役割は、プロとして、執行当事者として、首長や議会あるいは直接的に住民からでてくる方向付けを具体的で実行可能な形－政策－にしていくことである。支える行政サイドがまとめて提示すれば、政策の選択肢の提示となる。

政策の方向付けについては次に譲るとして、ここでは形にしていく過程についてみていこう。政策形成をニーズに応える行政の対応策の形成と捉えるならば、これも一つの問題解決と考えることができる。したがってそこには図のような過程があるとみることができる。

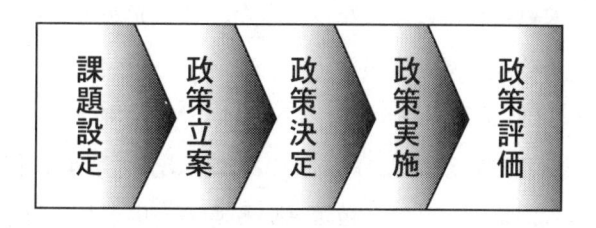

課題設定 ▶ 政策立案 ▶ 政策決定 ▶ 政策実施 ▶ 政策評価

　ただ、これを一つの政策に一つの問題解決の過程が対応するだけとみてしまうと、管理監督者としては自らの役割を見失うことにもなりかねない。「実施」の段階の一部を担っているだけだからと達観しては困るのである。確かに組織の幹部にとっては、政策を動かしていく実施段階かもしれないが、その実施のなかの個々の仕事にもそれぞれのレベルで同じような問題解決に準じたサイクルが回っているのである。むしろこれが上のサイクルと相まって回って初めて有効な政策となっていくのである。極論すれば、かっては中央の歯車が動き出せば、後はついてくると考えるだけでよかったかもしれないが、今や現実と向き合う末端の歯車が全体を動かす、若しくはその動きに影響を与えようとする力が大きくなってきている。いくら綺麗で完璧な歯車を中央に据えて回したからといって、それを受けて回る歯車がガタガタだったり、歯がかみ合っていなければ、形ばかりの政策、実効性のない政策になってしまうのである。

　管理監督者にはこの一つのサイクルを回し、上下のサイクルを調整する役割が求められている。それは一見日々の仕事であるかのように見えるかもしれないが、政策形成・政策実現の連鎖の一部として捉え直すことが、まず管理監督者に求められる政策形成へのかかわりの第一歩なのである。その意味で、突然降って湧いたように管理監督者に政策形成能力が新しく求められ得るようになったと考えるのは誤りであって、これまでの職務に向かうなかで培われてきたものを、より行政組織の動きへつながる発信の形でまとめていくことが、管理監督者

に一層強く求められるようになってきた、より光が当てられるようになってきたと考えるべきである。

とはいえ、「何か手がかりになるものは」、と探すとき、後述の「問題解決」で挙げる様々なアプローチや技法がある（第4章第5節参照）。詳細はそちらに譲るとして、政策というものの広がりに対応して、概略以下のようなレベルがあり、それに応じたポイントを幾つか挙げておこう。

①全体的・包括的レベル

　行政全体としてのスローガンを中心としたものは、首長や議会主導で形成されるとしても、5ヵ年総合計画の策定や、個別分野であっても幅広く対象をカバーするものでは、その政策形成のポイントとしては、全体の方向付け、全体像の構成が重要となる。最近、シンボリックマネージャとして強調されているように、ビジョン形成がリーダーに期待される。もちろん透徹な現実認識、合理的な論理に裏付けされて（時に直感的に生まれたとしても、結果的にはそうなるという意味で）いる必要があるにしても、そこでの主役はしっかりした柱を持った価値判断である。多様で幅広く、極端にいえば何でもありともいえる状況で、結晶が凝縮するように核を作り広げていく創造性と構想力、そして周囲に対しての大いなる働きかけと訴求力が欠かせない。

②計画レベル

　全体的・包括的レベルで望ましい姿・目標の構成が中心となるとすれば、次にそれをどう実現していくかということが控えている。包括的レベルより以上に、現実への働きかけ、関係をしっかり見据える必要があると同時に、包括的レベルでの全体像や目標に則って、現実をいかに変えていくかという緊張関係を常に保たなければならない。ここでは、目標にあった価値判断により、優

先度を明確にしたり、様々な要素の相互関連や影響といったものを把握することで、実効性を、そして具現性をもった計画の策定が必要となる。管理監督者としては、その全体にとはいかなくても、その一部には積極的に貢献することが求められる段階である。

③実施レベル

例えば、一つの事業を進めたりするような、現実と直接向かい合うレベルである。政策と現実のギャップを最も強く感じることとなる。多くの管理監督者にとっての中心となる守備範囲である。政策形成は上からというような流れでみると、上からの枠組みは不変のものと捉えていては、現実とのギャップが大きいほど、その間に立つものとしては、見ていてはやっていけなくなるという不幸な状況になりかねない。今、下からの政策形成への関与が強く求められるようになっている所以である。

―――――――――――――――――

注1）損益分岐点分析

　　損益分岐点とは、収益と費用が等しくなって損益がゼロになる売上である。採算の取れる売上、言わば採算点である。費用を固定費と変動費に分けて、売上・費用・損益の関係など、採算の関係を分析すること。行政の分野にも、発生主義会計や損益対照表といった民間における財務管理の手法の導入が検討されるなど、コスト意識を数量化して管理しようとする動きもあり、このような手法をどのようにして持ち込むかが今後の課題となっている。

注2）トレンド分析

　　季節的な変動がある時系列データの動向を分析する際に、季節的な変動と不規則な変動を排除して傾向＝トレンドをつかむための分析方法。

注3) **数理モデル**

　「ＯＲ」（オペレーションズリサーチ）に代表される、実際の現場で起こる問題の把握のため、数量化された理論モデル（数理モデル）を構築して、問題解決のための道筋を最適解を求めることで明らかにしようとするもの。数理計画法や確率過程論、シミュレーションなど様々な技法を用いたアプローチがある。数量化が困難な質的データについても、数量化理論などを使って数理モデルが適用できる形に持ち込むことができる。最近脚光を浴びている金融工学も確率過程論を使った数理モデルの応用である。

第2節　住民中心の視点

♣何のための政策か

　民間企業であれば、利益が絶対的な物差しとして、何に取り組むにせよ優先度を決める際に使われる。これに対し行政では、どの政策を選択していくのか、政策の結果についての評価をどうするのかにしても、何をベースにするのか自体が大きな問題となる。もちろん、住民本位は誰も否定しないところであるが、それさえも選挙を通した代議制と直接的な住民投票との関係をどうみるかという問題も出ているように、具体的にどう考えていくのか、実現していくかが問われている。この節では、行政サイドが形成していくべき物差しについて考えていこう。

♣行政の原点

　国が国民主権であるように、地方自治体も当然ながら住民そして地域社会を中心に据えて、行政を進めていく。もちろん、制度的に選挙により住民の代表たる議員が選ばれ、議会を構成しているし、直接選挙により首長も選ばれ、自治体の長として指揮をとっていくという枠組みのなかで、自治体の構成員として、またその中核として管理監督者が働いていることとなる。その意味では、従来からも強く意識されてきたように、首長の決定を経た自治体の方向付け、議会により承認された条例や予算などの行政の骨格のなかで働いてきたともいえる。一方、システムとしても、リコールなど直接的な働きかけが制度的にもあるが、下からの住民の声の形成のされ方は変わりつつある。その背景には、行政とほぼ同じ場で活発に動きつつある市民グループ、ボランティア、その他の社会活動があり、一部には行政の側も共に手を取って進めるというようなものも出てきている。

自治体の課題は、執行機関としての側面と、それゆえ直接住民や地域社会と向かい合って返ってくるものを受けるという側面のなかで、行政の原点をどう具体化していくかにある。高度成長期を通じて強かった近隣自治体との横並び意識にも限界が出てきている。地方の時代といわれて久しいが、そこで自治体がそれぞれ自立的に行政をどう展開していくのか、様々な試行錯誤が行われている。様々なしがらみ、枠組みのなかでそう簡単に進められるものではないにせよ、むしろそれゆえに原点に戻る意識が、組織を支える管理監督者を中心に、そして各職員に求められるべきなのだろう。

　行政の特性とは、どぎつくいえば一種の権力機構である。それゆえ「お上(かみ)」との意識が行政の側だけでなく、受ける側にも昔からあったのだろうが、当然ながら今やそこには疑問が呈されている。これまでの反動という面もあって、不信感が過剰に出ているきらいがあるにせよ、お上とは別の形で信頼感を形成していくことが求められている。一方、何か事があれば、行政は何をしていたとの指摘を受けるのは変わらないわけで、これを避けるための対応が規制中心や過保護行政という形で現れてきたともいえる。ひとり行政のみならず、批判その他の動きをしっかりと社会として定着するためには、行政も行政なりに、住民も住民なりに、より自立的になることである。そして、それが最も難しい課題なのかもしれない。

♣過保護行政からの脱皮

　規制緩和だ、行政改革だ、地方の時代だ、と長らく叫ばれている。個々のテーマについては様々な議論があるわけだが、それが問いかけるものは、どこからどのように行政が手を出していくのかということであろう。その見通しが求められている。行政が力を持つことの裏返しとして、力を持つゆえにその範囲に敏感にならざるを得ないのは当然のこと

第 2 節　住民中心の視点

である。だからこそ、基本的に法なり条例に基づき行政は動くものとされている。しかし、現場からみれば、日々起こる問題、それも個別的問題に、そのなかで対応しなければならない。「規則ですから」が役人の常套句のように揶揄していわれるのは、突き詰めて考えての一言なら甘受すべきことであろう。しかし、すべてのことが予定調和的に決まっているわけではなく、ないからこそ問題となる。この予定されていない問題への対応が、一管理監督者としては大きな課題となる。結果は別として、最初からとってはいけないのは逃避的対応である。「面倒なことは抱え込みたくない。今までのやり方のままで済むなら済ませたい」という思いで、時に反射的に「規則ですから」と言うのでは許されない。言い方を変えれば、自己中心的な対応であり、民間のＣＳの動きと同様に、今や発想の転換を求められている。いや、むしろ官民ともに「誰のためのどこを向いた仕事なのか」という原点に戻れといわれているだけかもしれない。したがって、問題に面と向かい解決しようとするのが、管理監督者としての当然の対応である。世の常として、そこでは当面の処置を何とか済ませたいということに重きを置かれかねない。一方、行政の公平性から、また何かに拠って立ちたい、立つべきとの考えから、行政指導という形で、広範な問題への対応が形成されてきた面もあろう。前向きには問題が起こって大きくなる前に、自分が担当している庭先で起こることは何とかうまく済ませたい、の裏返しで、何でも行政の責任とされるのではないかという思いがある。この何とか火の小さいうちに、広がる前にという姿勢が高じると、火の手が上がる前に予防的に手を打つことを考えるようになる。一般に、予防は先を読んだ効率的な対応の一つである。逆に、予防のためだからといってやっていて、病気になったとなれば信頼を失う。真の予防でなければ意味がない。そこでは、責任感の裏返しとして、保護者の視点ともいうべきものが大きくなりかねない。子供によかれと思うのはどの親でもそうだが、過保護になれば逆

によいこととはいえない。

　規則だからと逃げるでもなく、逆に保護者となりかねない危険も踏まえ、バランスのとれた対応が求めらる。これは「法を遵守する誠実で信頼できる公務員」（規則を盾にとって動かない）と「人のため、ヒューマニズム溢れる公務員」（何でも干渉し、拡大志向だ）との両立を求めることともいえよう。そのためには責任を持つものとして、行政のプロとして、当たり前だが真剣に問題の解決を考えるしかない。一般論としての問題解決が教えるように、広く考え、問題状況を捉えることが重要である。行政のプロとして恥ずべき事がないよう、社会を向いた学習の種は尽きない。

♣現場に耳を傾ける

　問題状況を捉えることは、実は一番難しい。ほとんどの大事故について、後で調べてみたら現場では既にその徴候があったということが多い。そこには古代ローマのカエサルの喝破した「見ようとするものしか見ない」という現実がある。逆に現場の声をすべて聴こうとすれば、様々な問題の重複として、それらが様々な色合いを持っていても、一緒にすると真っ黒ということにもなりかねない。状況を捉えることは、ある視点から整理してみようとする行為である。そのとき、自分にとって都合のよいものしか見ようとしないのは、見ようとしていることについての意識が乏しいからともいえる。何を見ようとしているのか、１人ではなく管理監督者以下のグループで、組織に対して堂々と示せるものならば、「見える」ようになるはずである。つまり、政策形成の意識を持って「見よう」として、現場に耳を傾けることが必要である。行政のプロであるなら、職人さんのように使う側は思いもよらなかったものだが、示されてみるとなるほどといわせるように、現場を読んでいきたいものである。それが政策につながる発想の源となる。

第3節 開かれた行政への動き

♣求められる透明性

　特に、バブルがはじけて以降、民間では経営陣の企業を私物化する行為や、虚偽の報告などが問われたり、公務でも接待や内輪をかばうような対応が批判を浴び、官民を問わず組織を責任を持って動かしていく立場の人々に厳しい目が向けられるようになってきた。この背景には、国民の社会意識の高まりがあるのは当然としても、長らく続いた高度成長期を頂点に、何事も一見順調にいっていた右肩上がり（と思われていた）時代では、個別の不祥事はあってもシステムに対する信頼はそれなりにあったものが、バブル崩壊を境に、「任せておくと危ない、時代にもついていけず、裏で何をするか分からない」、などという思いが強くなり、システムの動きに目を光らせる必要があるとの要請が強くなってきたことがあろう。

　このようななかで、行政には、情報公開をはじめ、行政指導の見直しや組織改革まで求められるようになってきている。透明で開かれた行政運営が求められているといってよいであろう。ここでは、その動きについて議論するのではなく、そのような動きのなかで管理監督者として従前に増して求められるようになった取組を考えていく。

♣情報公開への対応

　地方自治体では、国に先駆け情報公開条例が制定され、情報公開への対応は進んでいる。それに応じて、行政部内でも情報管理体制が見直され、情報管理システムも充実しつつある。そのなかで、それぞれの部局の責任を持つ管理監督者は、単に受身の姿勢でそのような変化に対応するのではなく、自らのチームの仕事に関する問題として考え

る必要がある。第6章「コミュニケーション」にあるように、組織の仕事における情報の扱いこそが円滑に業務を進める大事なポイントであり、その面での取組が即情報公開への対応につながるものだからである。詳細は第6章に譲るとして、ここでは情報公開だからといって付加的な業務が増えたとの受け取りとならないためのポイントを挙げておく。

①チームの情報管理のルールを確立する

　情報公開に対応して組織としての情報管理のルールや決まり事が定められているはずであるが、それを踏まえた上で、普段の仕事の進め方、段取りに合わせた情報管理のルールを明確にしておくことが大事である。「この仕事に関する情報は、どこにどんな形であるか」「この仕事の情報は、誰が責任を持って整理しておくのか」といった日常レベルでのルールをチームとして決めておくようにして、「A氏ファイル」などといった属人的な形にせず、チームで情報の共有を図るようにする。情報管理の一般的な原則は、リダンダンシー（重複性）の排除と集約化であり、コンピュータの機能も活用するとよい。

②プライバシーへの配慮

　情報公開への対応に併せて、個人情報の扱いも定まっているはずであるが、定型化されていない業務で予想されていない形でプライバシーにかかる情報を扱うことが生じないとも限らない。管理監督者として、そのような動きにも感度を上げておき、個人情報の扱いについては、責任ある者を定めて、形の上でもしっかり扱うようにする。

③胸を張れる意思決定

　「行政に間違いは許されない」というのは、本当に貫徹できるならばそれに越したことはない。しかしながら、組織的に何重の

チェックがなされたとしても、人が行うことであり、間違いの可能性をゼロにできるとするのは一種の虚構である。機械にしても、人が操作する以上間違いが入り込む余地があるし、機械自体の信頼性も完全でないことはコンピュータとの付き合いが一般になってより明らかになったことである。しかしながら、様々な時点で管理監督者として意思決定を下すなかで、最善と考えられる決定を行うことは当然の要請である。そのために、必要な情報を集めて分析し、的確な状況把握を行って、意思決定に至るわけで、情報公開はむしろその正当性を明らかにする鏡となるものであろう。第5章第2節「意思決定」でも述べるように、管理監督者として仕事を的確に進めるためにも、部下に対し、周囲に対し、上司に対し、しっかり説明できる意思決定が求められる。普段のそのような業務遂行に対する姿勢が、アカウンタビリティにつながるのである。また、知らない人に説明すること、説明するつもりで考えることは、仲間内の視点をリセットするよい機会でもあり、積極的な意味合いがある点も踏まえておきたい。

♣アカウンタビリティ

　情報公開の動きと併せて、「アカウンタビリティ」という言葉をよく聞くようになった。これは、「説明責任」ともいわれるもので、「任せられて業務を行うときには、定期的に、随時に、あるいは求めに応じて、任せた側に業務の内容について説明する義務がある」とする考え方である。行政についても、公務を国民の信託に応えて行われている立場とする以上、説明責任があるということになる。

　このような考えが当然であるとされてきた背景には、同じ組織で働き内向きの説明だけで仕事を進めていると、内輪だけでしか通用しない前提でしかものを考えられなくなったりする危険があり、それが変

化の速い社会の動きについていけない一因とみなされるようになってきたことがある。さきに述べたように、胸を張れる意思決定がそこでは求められ、これを日々の業務のレベルでも行っていくことで、アカウンタビリティを受身ではなく当然のこととしていく素地ができるのである。その反映として、第2章第3節「組織としての取組と発信」にもつながる。

情報公開やアカウンタビリティを求める動きは、行政への信頼が揺らいだために強くなったという側面はあるが、揺らいだ信頼を取り戻すためには、「行政がしっかりやっているな」という実績を積み重ねるしかなく、そのためには、逆に情報公開やアカウンタビリティをしっかりする透明性の確保や情報の発信が重要な役割を果たしていくともいえる。倫理規範の徹底といった行政に対するネガティブな評価をもたらさないための取組も重要であるが、よりポジティブな評価を得るための取組が重要性を増しているのである。その意味で、アカウンタビリティや情報公開の動きは、公務に対する信頼の回復に必要不可欠な取組なのである。

♣評価される行政を目指して

政策評価

行政を、「政策を立て、事業などを実施していく」という活動とみるなら、行政に対する評価の重要なものとして政策評価が浮かび上がってくる。アメリカやイギリスを中心として早くから政策評価の取組はされてきているが、「ステークホルダー」とも呼ばれる関係者（利害関係者といってもよいが、より広く影響を受ける者のこと）が錯綜し、政策立案段階では不確定要素が大きく、立案に直接役立つ政策評価（どの政策をとるべきかという選択のための評価）は行き詰まって、実施した結果に対する評価として広がってきている。我が国でも様々

な取組が始まっているところであり、どのように分かりやすい形で示せるのか模索されている。管理監督者としても、企画の、そして実施の責任者として、何が評価されたいのかを発信していく必要があるし、そのためには、自分たちの業務は何のために行っているのかといった原点をしっかりさせておくようにしたいものである。評価されることは、非難されることにつながるかもしれないといった、消極的対応は避けなければならない。

行政サービスの向上

民間でCSが広まっているのと対応して、行政もサービスを提供する立場に立ってその改善に努めることが求められるようになっている。最近では、「PFI」（次頁参照）といった民間のノウハウを大幅に活用してサービスの質の向上を進めようという取組も始まっている。民間で長期雇用や年功序列といった安定的と考えられていた制度や慣行が変わりつつあるように、行政でもその枠組みを規定していた様々な要素も変質しつつある。まだその姿は十分に見えているとはいえないだろうが、従来当然と考えられていたことにも目を向けて考えていこうとする柔軟な態度を持って、「できない」理由を述べるのではなく、「こうしたらできる」という提案をして、サービスの改善に努めることが、これからの管理監督者にはより求められていく。

そのほかに、組織の重要な骨組みの一つである会計についても、単年度予算主義から数年にわたるローリング計画が立てられるようになってきただけではなく、外部監査制度の導入が大きな自治体には義務付けられたり（1999年地方自治法改正）、発生主義会計や貸借対照表など、財務上の公開性、分かりやすさも求められるようになりつつある。このような動きがすべてこれから広がるのかは分からないが、行

政に対する評価をよりポジティブにしていく取組として有効なものには積極的に取り組んでいきたいものである。

♣自律する管理監督者

　社会もそして自らが身を置く自治体でも、様々な変化が押し寄せてきている。目の前だけを見ていると、変化に翻弄（ほんろう）される管理監督者のイメージしか浮かんでこないかもしれない。波乗りといった不安定なものでは困るかもしれないが、時代の流れのなかで、行政の進むべき方向性を見据えてのびのびと工夫をしながら進んでいく管理監督者がこれからは求められるのではないだろうか。あまり考えずに、「みんながすがっているから同じものにすがっていれば、どうにかなる」という態度ではなく、自らの能力とセンス、そして人々のつながりに裏打ちされて、主体的に責任を持って考えていかないと波に流され、下手をすると沈みかねない。自律した管理監督者となるためには、単に状況対応で済むのではなく、状況に応じて主体的に選択をする座標軸を持つ必要があるともいえよう。突き詰めれば、自分で自分の座標軸を作り上げていくのであるが、その指針として管理監督者の基本について、もう一度振り返ってみよう。

　野球の世界ではないが、天性の管理監督者ならばまだしも、我々普通の管理監督者にとっては、どんな球が飛んできてもそれなりに対応できるようになるには、基本に忠実であることしか王道はないのだろうから。

PFI

　「PFI推進法案」（民間資金等の活用による公共施設等の整備等の促進に関する法律）が平成11年に成立した。PFIは、公務部門が行ってきた公共施設の設計・建設・維持管理・運営を、民間にまとめて委ねる手法であり、もともと英国で公務サービスの不効率を改善するための手法とし

て発展したもので、ユーロトンネルなどの大規模事業に適用されている。

　ＰＦＩでは、運営まで任せることから長期にわたる契約の下、民間の経営感覚を十全に発揮されることで、より効率的なサービスが期待されている。また、公務がサービスを提供する側から、サービスを購入する立場になり、民間との長期の契約を取り交わすことから、サービス水準の維持や契約に当たっての見通しや枠組みの設定など、従来の入札制度とは異なり、公務側にも従来と大きく違った取組が求められる。資金手当の面でも、コーポレートファイナンスからプロジェクトファイナンスへの移行、資産や債務の証券化などの動きもあり、ＰＦＩの普及が進めば大きな変化がもたらされるものと期待されている。

　ＰＦＩでは、公共性・収益性・ＶＦＭ・リスク分担が満たされて初めて成立するもので、公共性や収益性については既存の第３セクター方式と類似するが、「ＶＦＭ」(Value For Money) という公的資金の最も効率的な運用という基準を求めて従来の公務運営方式より以上の費用対効果がなければならないとされる点と、長期にわたる契約のために公務側と民間とのリスク分担について事前に詳細な詰めが行われるべき点で大きく異なる。

　特に地方公共団体でも、ＰＦＩの導入が地方財政の逼迫もあって検討され、進もうとしているが、単に公務の仕事を民間にまるごと投げたというのではなく、ＰＦＩに期待される効果が実際に上がるためには、その立ち上げからその後の対応も含めて公務の側のノウハウの蓄積や柔軟な対応も求められており、日本型ＰＦＩの定着に向けての課題の一つであろう。

発生主義会計　accrual accounting

　収益・費用の認識・測定に当たり、原価・実現アプローチを採用する。すなわち、「ストックの評価」（資産評価）の一般原則として取得原価主義を採用し、「フローの評価」（収益の認識・測定）に対して実現主義を採用する。資産は売れたときの対価で、対応する支出対価を発生費用として、期間損益を計算する体系を総称する。

第 2 部

管理監督者の基本

どんなに変化が激しくても、人が人とともに力を合わせて仕事を行うということは変わらない。そして、管理監督者が踏まえるべき人を中心に据えた基本的なことは「万古不変」でもある。もっとも時代によって、基本に対する光の当てられ方や取り上げられ方が少しずつ異なる。新しい時代における光の当てられ方についてもみていく。

第4章　マネージメント

　管理監督者は、自分が責任を持つ組織単位において、そのメンバー（部下）を率いて効率よく組織目標に向かって仕事を進めていく立場にある。広い意味での「マネージメント」とは、このような管理監督者の取組自体を指す。マネージメントは、人が人へ働きかけることで進むものである以上、意思疎通の基本となるコミュニケーションや、人を率いるという面からのリーダーシップなどが重要なテーマとなってくる。

　リーダーシップやコミュニケーションについては、後で取り上げることとして、以下では「仕事の管理」ともいうべき、仕事を着実かつ効率的に進めていくという観点からの議論から始めよう。

∞　第1節　変わらない基本　∞

　基本というのは、当たり前のことである。当たり前だと思っていることをいくら説かれても、人は相手にしない。ところが、基本が大事であることは、スポーツだけでなく学問一般そして職人などについても口をそろえていわれる。行政に携わる公務員の、そしてその管理監

督者としての基本とは何であろうか。

　今でも、ほとんどの行政機関ではＯＪＴ中心の人材育成であり、先輩や同僚の仕事ぶりを見習いながら自分なりの管理監督者としてのスタイルを確立していくのが一般的である。アメリカのように「ＭＢＡ」（Master of Business Administration）が幅をきかせて管理監督者になってくるわけでもなく、経営学出身の人が幅をきかせているわけでもない。逆に、誰々さんの薫陶を受けたからといって評判の良い管理監督者になっているとは限らない。今どきそんなことを若い部下に言っても、「今更古風なんじゃないの」との陰口も聴かれることもあろう。

　ここでは、一般的な行政事務の職場を想定して管理監督者の基本を考えることとする。参考として引くのは主に行動科学やマネージメント理論である。

　基本は実践できるものでなければ意味がない。分かりきったと思っている基本でも、そうやすやすとは日常的に実践できないからこそ大事であるといわれるのである。日常の職場における状況は様々であり、単純なマニュアルは期待できない。基本を踏まえて行動できる内なる回路が作られることが必要なのである。

第2節　管理の過程

　ここで考える仕事の管理では、管理監督者として、部下を率いて仕事を円滑かつ効率的に進め、目標を達成していくための活動である。管理を一つのプロセスとみるなら、リソースともいわれる人材・予算・情報・時間・技術などを効率的に投入して、仕事の成果という出力を上げていく過程ともいえる。

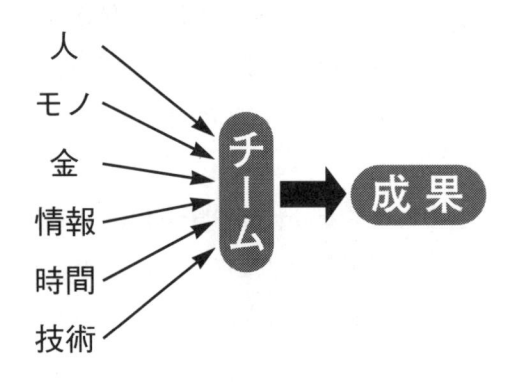

人
モノ
金
情報
時間
技術
→ チーム → 成果

　この過程を効率的にかつ合目的に動かしていくための取組が以下の議論となる。

〈マネージメント・サイクル〉

　一般に、管理の過程には「計画＝Plan」「実施＝Do」「評価＝See」の三つの段階があるといわれ、これはマネージメント・サイクルと呼ばれている。また、「評価」を二つに分けて「点検＝Check」「反映＝Action」として、評価でとどまるのでなく、さらに次のサイクルに入っていく点を強調する見方もある。

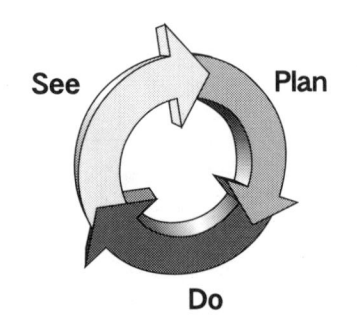

See　Plan
Do

その用語の目新しさは別として、何らかの目的を持った持続的な行動をするときには、当然押さえられるべき基本である。何事も着手する前には「何のために」「どういうふうにして」やるのか考える。それなくしては「無鉄砲」「無計画」であるとされる。したがって、このサイクルの最初には「計画」がくる。

次に、計画に基づきやってみる。これが、「実施」である。その際、着実かつ効率的に進めることが望まれるが、やって初めて気がつく問題点などを解決しながら進めていくことになる。

最後に、やった結果はどうだったかを振り返ることとなる。結果はどうであれ「終わればよい」というのでは、無責任極まりない。しっかりした評価を行うことによって、これまでの努力を正当に認める手がかりにもなるし、これからの取組の貴重な足がかりにもなる。そして、このサイクルがうまく回ると、仕事が円滑かつ目標達成をしながら進んでいくというモデルである。

♣管理の過程の実際

あくまでマネージメント・サイクルは、ひとまとまりの仕事をとって単純化して考えたときに当てはまるだけで、実際の仕事を考えるとき、マネージメント・サイクルそのままで進むわけではない。このようなサイクルを意識することの利点は、仕事の流れを客観的に押さえることで、目標を意識し、評価を通して結果が調整されるため、期待される管理が保てることにある。当たり前とも思われるこのような基本が無視されることも、ままあるのである。例えば、最初は計画を立てて進めながらも、途中で行き詰まったとき、しっかりした評価を行って考えることなく、「ここまで進んだ以上、頑張るしかない」と既成事実を理由に不退転の決意を示すということはないだろうか。

係長にせよ課長にせよ、当事者として仕事を進める以上、また部下

を引っ張っている以上、仕事に気持ちも入れ込むのは当然である。それだからこそ、当たり前の「計画・実行・評価」の段階を進んでいるという認識に立った冷静な判断が求められているのである。逆に、型どおりサイクルを回していれば良い管理ができるということになるわけでもない。思いの込められていないプロセスでは、人も組織も思うように動かすことはできない。

♣計画のポイント

計画の段階での最大のポイントは、目標をしっかりつかまえておくことである。目標にも、組織全体の目標から、各管理監督者が責任を持つ部局の目標、そして職員個人に割り当てられた目標まで、様々な段階がある。また、目標を立てるに当たって、その方向を指し示す、より抽象的な表現として目的が重要となる。特に行政組織の場合、首長なり議会、さらには住民が納得する目的に導かれる必要がある。第3章での議論を振り返られたい。したがって、目的を具体化したものを目標ということもできる。目標は、目指すべき具体的な状態を指し示すものでなければならないし、いつまでに達成すべきかも明示することが必要である。

☞目標設定チェックリスト
- ☐ 組織目標、上司の指示などとの整合性
- ☐ 投入できるリソースの検討
- ☐ 実現可能性
- ☐ 具体的な目標内容
- ☐ 部下への周知徹底

目標が明確に設定されれば、それを達成するための計画が必要となる。計画とは、目標を達成するための具体的なプランである。

計画に基づいて効率よく円滑に実施がされるためには、目標との関

連と実施へのつなぎという面から、次のような点に注意するようにする。

☞計画策定のチェックリスト
- ☐ 設定された目標の再確認
- ☐ 目標達成のための道筋の洗い出し
- ☐ 最適な道筋の選択
- ☐ 起こり得る問題や障害の把握と対応策策定
- ☐ タイムスケジュールの策定
- ☐ 部下や関係者の了解
- ☐ リソースの配分決定

　最後の「リソースの配分決定」を部下に対して行うことは、仕事の割当てをすることに相当する。目標の設定や計画案の策定は、外部からもみえ、それなりのアドバイスも得られるものであるが、部下の能力を、策定する計画のなかで最大限活かすための割当ては、リーダーたる管理監督者でなければできないことである。

　リソースの配分は、背景に人の能力に対する評価が必ず必要になる。したがって、明確に割当てを示し、その背後にある理由を（部下に説明するか否かは別として－これからは求められるようになる－）しっかりしたものにしておく必要がある。少なくとも、仕事の割当てに当たっては、「目標達成のため」という価値尺度を貫徹しているとの理解を部下から得ることが肝要である。

　部下に対する仕事の割当てに当たっては、現在抱えている仕事の状況を十分把握した上で、遂行可能なレベルにおさまるよう配慮する必要がある。一方、部下を育成する観点からは、多少挑戦的なレベル設定も有効である。特に管理監督者として注意しなければならないのは、複数の部下でチームを組ませるときの組合せである。人を複数投入すれば、能力はその足し算になると考えることはできない。場合によっ

て、より以上の力を発揮することもあるし、逆にまったく力を発揮できないこともある。普段から人間関係や性向も含めた部下の把握が必要である所以がここにある。

「これをやってください」と仕事を頼まれたとき、内容や意図の確認は当然として「えっ、いつまでですか」と期限を聞き返すのが普通である。特に、複数の人が分担し、力を合わせて仕事を進める計画においては、時間の管理は非常に重要となる。一部の仕事の進捗が遅れることで、他の部分を担当している人の仕事の足を引っ張ることが往々にしてあるからである。短期間に多数の人が分業体制であるプロジェクトを進めるような場合には、事務系の職場ではあまり一般的ではないが、「PERT」(p.105参照)のような手法も利用するとよい。

♣実施のポイント

実施自体は、理想的には、しっかりした計画の下、適切なリソース配分と時間管理があれば、問題がなく進むはずの段階である。ところが、実施の段階こそが現実への働きかけのフェーズであり、臨機応変の調整が図られてこそ初めて進んでいくのである。

計画を綿密かつ注意深く立て、部下に対して十分な指示と余裕をもった割当てをしていたにしても、いざ実際に動き始めると思わぬ齟齬が生じるのが常である。1人で進める仕事ならば、やり直しも含めてかなり柔軟に対応できるが、複数のメンバーからなるチームでは、小さな行き違いも大問題に発展しかねない。だからこそ、実施におけるモニタリングと調整が重要視されるのである。

☞実施上のチェックリスト
- ☐ 仕事の進捗状況の把握（モニタリング）
- ☐ 計画と進捗状況との乖離の分析
- ☐ 問題点の把握と対応策の検討

□　計画又は実施の内容の変更の要否
　　　□　調整結果の共有

　実施におけるモニタリングに当たっては、「しっかり計画を立てたのだから、うまくいかないのは実施する側に何か問題があるはずだ」といった予見を持ってはいけない。起こるはずのないことだからと、見逃した予兆が現実となって、失敗した例は古今東西数多くあるのである。虚心坦懐に現実を見つめることが大事であり、また難しい。一見「そんなはずがない」という報告を十分検討する余裕が求められる。

　いずれにせよ、計画と実施状況に齟齬が生じた場合は、何らかの調整が必要となる。まずは、なぜそのような齟齬が生じたのかという「原因探究」から手を着ける。そして問題を発見、特定し、解決策を検討するという問題解決の過程に入っていく（第5章第2節参照）。そして、必要な調整を行うのである。これらについても、何もわざわざ手順を踏んで考えるまでもないというべき基本である。しかし、一生懸命に仕事に取り組めば取り組むほど、先ほどの「見たくないものは見ない」症候群に陥りやすくなるのである。ここにも、当然であるはずの基本に立ち戻ることの大事さが潜んでいる。

♣評価のポイント

　評価は、これまで最も明示的に進められることが少なかった過程である。目標が数量などのような計量的指標に頼っている場合は別として、行政機関のような事務的、あるいはサービス提供など質的な尺度が必要なところでの評価は一般に難しい。しかしながら、評価を外して管理の過程は完結しない。むしろこの評価こそが管理の過程をさらに次へと回していく鍵となる重要な段階なのである。

　ある仕事が一区切りつくと、「打ち上げ」と称して関係者が集まる機会が設けられることがある。これは普通、「御苦労さん会」という

べきものだろうが、それ以外に仕事を振り返る機会を設けないならば、マネージメント・サイクルは回りきらない。その結果、「やりっぱなし」の仕事、かかわった人の経験として残るだけとなってしまう。

☞評価のチェックリスト
- ☐ 目標達成度の確認
- ☐ 調整した内容と結果についての検討
- ☐ 最終的な計画と実施結果の乖離(かいり)の把握
- ☐ 次へ向かっての課題、成果の確認

計画段階のリソース割当ての問題と同様に、評価においても目標達成のための尺度であることを、管理監督者自身も、そして部下に対しても明確に認識させるようにしなければならない。往々に、評価というと受け取る側も全人格的なもの＝良くない評価は「お前はダメな人間である」と受け取り、これが逆に評価する側の逡巡(しゅんじゅん)を招くことにもなっている。しかし、ある仕事について他人に迷惑をかけたことや、逆に非常に貢献をしたことは素直に認め、評価するのが筋である。そして、それはあくまで評価の対象となった一連の仕事に関したものとして、全人格的な意味を持たせてはならないことは当然である。

ここで、評価はこれまでの仕事の進め方を反省し、どこに問題があるか、引き続き取り組む場合は、目標の修正も含めた仕事全体の見直しにもつながるようにと意図されたものである。管理の過程の基本として、正面から評価と向かい合うことで、淡々と評価し、次のステップにつなげていくようにしたいものである。

♣どこにも見いだせる管理の過程

マネージメント・サイクルが一つのモデルであるということは、それが適用できる対象も様々な可能性があるということである。マネージメント・サイクルは、係なり課で行うひとまとまりの仕事を対象に

考えることもできれば、その仕事を構成する個々の部分を対象に考えることもできるのである。

実際、実施に当たっても、最初に手がけるもの、それが済んで手を着けるもの、同時に行うもの、と様々な仕事に細分されている。そして、それぞれの仕事にもマネージメント・サイクルを適用して進めることが重要となる。例えば、どんな小さな仕事も「何のために、どのようにやるか」考え（計画）、「やってみて」「行き詰まればやり方も工夫して」（実施、調整）、「終わったら、その結果を基に次の仕事に進んでいく」（評価又はチェックとアクション）というように進めることができる。

仕事の管理の基本として、管理監督者の立場からマネージメント・サイクルを考えるだけでなく、自らの仕事の進め方、計画や評価の段階での仕事の進め方など、あらゆる局面で、「目標を高く掲げ、着実かつ柔軟に実施し、振り返って次に役立てる」マネージメント・サイクルの考えを活かすことができる。

> **PERT（Program Evaluation and Review Technique）**
>
> 潜水艦からのポラリスミサイルの発射を可能にするために開発された管理技法。数多くの関係者が協調してプロジェクトを進める際に有効で、現在でも土木建築関係ではよく使われている。
>
> 入ってくる矢印のもととなる作業がすべて完了して初めて作業が始められるという関係に基づき各作業を矢印でつないでネットワークにしたものに、作業を終えるために必要な時間を記入したのがPERT図（若しくは「アロー・ダイアグラム」）と呼ばれる。最終的には時系列に作業期間を指定した作業管理図に落とし込むわけであるが、その際、作業の遅れがプロジェクト全体の遅れになるような部分（関連するこれらの作業をつなげたものを「クリティカルパス」と呼ぶ）を特定することで、管理上の焦点を明確にできる。そのための数理的な技法を含めてPERTと呼ばれる。

事務系では、作業に要する時間がかなりフレキシブルであるが、複数の部門や関係者が分業しながら協力してプロジェクトを進める際には、単に進行管理のみならず、どこに人や機材などを手当てするのが有効かなどといった資源配分の検討を進めるためにも役立つ。

アロー・ダイアグラム

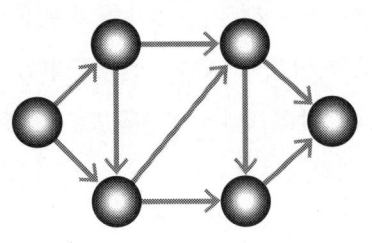

第3節　部下の参加

　マネージメント・サイクルの議論は、仕事の進め方を中心としたものであったが、実際に仕事を進めるのは、仕事を割り当てられた部下である。「組織は人なり」といわれるくらい、仕事における人間の要素は大きい。命令すれば動くという次元だけで部下のことを考えていては、管理監督者として失格である。人を動かすという面については、第5章「リーダーシップ」に譲るとして、人の要素にも配慮した仕事の進め方について考えておこう。

♣自らの問題にする

　我が身を振り返っても、我が子のことを考えても、親から「勉強しろ」といわれたからといって、「身を入れて取り組む」ことにつながるとは限らず、むしろ、友達と語らって「好ましくない」といわれかねないような行動の方に熱中しやすい。このように、助言が良き意図から発せられたものであるから、効果があるとは限らない。誰でも、他人から押しつけられるより、自ら参加してやろうと決めたことの方が一生懸命取り組むものである。これは、自らの問題として捉えることができるからである。

　管理の過程を考えるに当たっては、部下による仕事の積極的かつ主体的な遂行が不可欠な要件である。そのためには、部下を目標設定や計画策定の段階から参加させて、自らの問題として仕事の遂行を考えることができるよう工夫することが有効である。

　自らの問題として仕事を考えるようになるためには、部下の参加は、計画段階だけにとどまらず、実施段階や評価段階まで一貫して継続されなければならない。部下の参加を形だけのものとして捉えていては、

いつまでたっても部下は自らの問題としてくれない。形だけの参加を求められていると受け取られた瞬間、他人からの押しつけとなるからである。

♣参加の効用

組織における仕事の真髄は「協働」にあるともいわれる。共に働くだけでなく、力を合わせて働くことを意味するが、それは管理の過程の実施段階に限られるものではない。様々な局面で求められる参加の効用としてどのようなものがあるかみていこう。

①よきサポート効果

より上位の管理監督者ほど、常に正しい判断をするとは限らない。正しい情報と部下の適切なサポートに支えられて初めて、適切な判断が下せるのである。逆にいえば、部下の参加があって初めて適切な目標設定や計画策定ができるともいえよう。

②発想を促す

「3人寄れば文殊の知恵」といわれるように、良い打開策の発見に行き詰まったときには、いろいろな人の発想が相互に刺激しあって道が開けることもあるのである。

③察知能力の向上

特に実施段階では、実際に着手して初めて分かる問題は、まず実際に行っている部下が最も早く的確に見いだせる位置にある。さらに、問題への対応も、その部下に任せられることが多い。自らの問題とすることによる「仕事の自己管理」がこれらへの対応を助けることとなる。同時に参加は、情報や問題意識の「共有」を促し、チーム内のコミュニケーションがよくなることから、管理監督者としても早い段階で問題の察知をすることができる。

部下に参加を求めるときに最も気をつけなければならないのは、仕

事の目標に対しての求心力を保つことである。上司の評価を中心に考えたり、同僚の受け取りを中心に考えたりする態度では、これまでに述べたような参加の効用は得られない。参加の効用を求めるならば、管理監督者自らが仕事の目標を中心に据えて部下に接する必要がある。より上位の役職者に提言するのをためらい、逃げているような印象を与えたり、自分の言うことを聞くイエスマンを重用したりという印象を与えていたのでは、良い意味の部下の参加は望み得ないのである。

♣参加のさせ方

参加の目的をよく理解すれば、おのずから参加のさせ方は決まってくる。人は形だけのものか、心がこもったものかについて敏感なものである。特に仕事の実施段階でのモニタリングや調整の際に注意する必要がある。この段階では仕事を分担して行うことが多く、十分な仕事の自己管理が望まれるからである。

☞部下の参加のチェックリスト
- ☐ 過度のモニタリングや調整を避ける（監視されている、信頼されていないと受け取られる危険性がある）
- ☐ 自己管理ができるような配慮（全体中での自分の進行状況のフィードバック、ある程度の裁量権、必要に応じ支援できる体制の整備）
- ☐ 信頼しているとの発信（褒める、励ます）

管理監督者は、部下を信頼して任せたという態度を示すと同時に、部下の仕事の状況に目を配り、見守っているという安心感を与えることが大切である。任せたのだからと、放任したり、ひいては「部下が勝手にやったことで、私は知らない」となってはいけないし、逆に目配りが高じて監視されていると受け取られても困る。ともすれば極端に振れがちなこの両者のバランスを保つことが大切なのである。それ

を裏打ちするのは、管理監督者としての責任感である。そして、そのなかで、伸び伸びと仕事を進めていける雰囲気をつくることが、状況にも的確に対応でき、最終的に効率の良い「仕事の管理」に結びつくのである。

第4節　コスト意識

　計画段階における「リソースの配分」では目標達成のためという価値尺度を持つべきであるとの指摘をしたが、しっかりした価値尺度を持つということは、限られたリソースをなるべく有効に活用して目標を達成できるようにしようとする普段からの意識を持つということに通じる。

♣希薄なコスト意識の背景

　行政組織の場合、資金は予算という形で事前に枠組みが与えられざるを得ない。人材についても、課長クラスになってそれなりの意見を言えるようになるとしても、組織全体の調整結果を待たざるを得ず、係長ともなれば、課長から人事の相談を受けることがあるにしても、ほぼ今の陣容を前提に考えるのが普通である。もっとも目に見えるリソースが限定されているのが特徴といえる（ここでは、次年度の予算や組織要求といったリソース獲得のプロセスは別に考えている）。

　一方、一部の分野を除きサービス提供や行政事務などでは数値的な目標設定が困難な場合が多い。いきおい、限られたリソースを最大限に使って目標達成に努力していることを、「夜遅くまで頑張って、こんなに資料や検討ペーパーを作成している」という形をとればよいとしかねないのである。誰も頑張っていることが悪いとは言いにくいものであるし、「無駄かな」と思っても、せっかく頑張って作成したものには「御苦労さん」といって目を通すのが、人情であろう。しかしである。部下の気持ちを考えることの重要性はいくら声を大にしても足らないほどであるが、だから「せっかく頑張っているのだから」「まあ仕方ない」と、これでよしとすることには問題がある。目標達

成のために「人」と「時間」を無駄遣いしているのであり、それを管理監督者が許していることになるからである。ましてや管理監督者が頑張る仕事を標榜していると、この危険はもっと大きくなる。

　一般に見られる「コスト意識」が希薄な行政機関といわれる背景の一つはこの辺りにあるのだろう。

♣コストを意識する

　リソースの配分という計画段階の話から入ってきたが、実施段階こそが実際にコストを投入する場面である。そこで、コスト意識が問われることとなる。

　まずは、コストを意識することが出発点となる。誰でも自分のお金を使うときは、「このために使うのだから、仕方ない」とか「こんなことにはそこまで出せない」とか、使途と支払う金額の関係をシビアにみるものである。逆に我が身に降りかからないお金の損得には無関心になりがちである。仕事におけるコスト意識を持つためには、仕事における参加と同様に、自らのものという意識（もちろん、私物化を指すのではなく、身銭を切るくらいの感覚）を持って考えることが大切である。

無駄をなくす

　日常的なコスト意識の徹底の一つとして、無駄をなくすことがある。単にお金の面だけでなく、仕事の仕方を含めた指摘として、よく「無理」「無駄」「ムラ」をなくせといわれる。例えば、使い終わったコピー用紙の余白や裏にメモをしたりといった工夫はされているところも多いことであろう。しかし、会議にあまり関係がない人を集めさせたり、直前になって「もしものために、これこれの資料が欲しい」と部下に命令するといったことをしてはいないだろうか。モノの節約を指

摘したり、部下にコスト意識を求めるだけでなく、管理監督者自身こそが広い意味のコスト（特に、人の時間を使うこと）に敏感でなければ、形だけの節約運動に終わってしまいかねない。

人も時間もコストである

　表現としては短絡的であるが、「人も時間も『かけること』はコストそのものである」ということである。さきに挙げた会議の例が典型的である。係や課全体のコミュニケーションを図るため全員で議論しようという意図を持つことは悪くはない。一方、参加者にとっては、会議に集まるということは、自分の仕事を中断して拘束されることでもある。会議の内容との関係で判断すべきであるが、その一要素として、部下の時間を使うという意識を強く持たなければならない。逆にそのことが、部下に対して勤務時間中に仕事に集中して効率良く進めることを求められる素地ともなるのである。

　日本人の働き過ぎが問題にもなり、超過勤務削減の呼びかけもなされるが、「勤務時間内にしっかり成果を出せるよう仕事をする」ことが当然、いやむしろできなければ能力に問題ありとされるくらいの風土がなければ変わらないのかもしれない（議会対応等の外部要因によるものは当然除く）。

幅広くコストを捉える

　人や時間がコストというのも、よくあるお金＝コストという意識とは違うものであるが、特に行政機関の場合は更に広げてコストの問題を考える必要がある。行政機関の仕事の結果は、住民や地域社会に何らかの影響を及ぼすものである。大きな利便を与える仕事には、かなりのコストを投入することも許容し得る。逆に貢献が少なくては、投入するコストも限られる。これが、「費用対効果」と呼ばれる視点で

ある。

　単純明快な視点であるが、注意しなければならないのは、それぞれ投入するコスト、得られる便益をどこまで幅広く、トータルにみることができるかという1点である。第1章のはじめでも強調したように、考えるべきコストも時代の変化で大きく変わってきている。例えば、高度成長期に公害問題が大きく取り上げられ、最近は環境問題も世界的な関心を集めるようになるなど、環境に与える影響もコストとして考えるのは当然という時代になっているのである。

長い目を持って

　企業の会計であれば、減価償却のコストなど長期にわたるコストの反映が組み込まれているが、行政機関では（数ヵ年にわたるローリング計画など新しい取組が出てきているが）単年度予算の影響もあり、年度内での、極端にいえばその期での対応で済ませる傾向がある。公式に中長期的な計画が立てられていないと困難な面があるとしても、管理監督者はコストの投入に当たって中長期的な視点から判断をする必要がある。例えば、新規事業立ち上げ時の忙しさを基準に機械などの設備を購入したものの、しばらくすると遊休状態になってしまったり、古くて使えなくなってしまうこともあろう。特に情報関係の機器は陳腐化も早く、慎重な対応が必要である。できれば、事業を立ち上げる際に、先を見越した中長期的ニーズを予測して、必要なコストを投入するようにしたいものである。

> **管理理論の系譜**
>
> 　近代的組織論、管理理論は、「テーラーの科学的管理」「ファヨールの有機的組織論」「バーナードの経営理論」を通して展開されてきた。欧米より日本で早くから注目された人間性を重視する「フォレットの理論」

も含め、その後展開される管理理論の基礎を形作った。

テーラー　Frederic W. Taylor（1856〜1915）

　米国のエンジニアで、「科学的管理の父」と呼ばれる。Midyaleプラントにおける時間動作研究（1881）を基礎として、個々の職工の動作や時間を細かく観察し、その無駄を排除することで生産効率が向上するという考えに基づき、数量的なアプローチから管理方法を確立した。大量生産の時代における管理方法の基礎を築いた。

　彼の主著としては「The Principles of Scientific Management」（1911）がある。ここでは、「スキル継承」「タスク管理」「職能化」の原則に立って科学的管理法を展開している。スキル継承とは、個人に任されていた作業の工夫、熟練を、管理の対象として、時間動作研究といった科学的方法で客観化することで、合理化を図ろうというものである。タスク管理は、それまで過去の経験から漠然と定められることの多かった作業標準を科学的に定め、作業に必要な種々の要件も標準化することで、能率の向上を目指すもの。職能化は、仕事の機能に応じた分業を進めることで、管理側に計画的機能を集中し、監督者も職能別に作業を管理することを提唱するもの。段取り・指示文書・原価・準備・速度・検査など8種類の職能が挙げられている。

　科学的管理法は、それが提唱されたのが、労使がそれぞれの立場から対立しルールも確立していないような時代ということからすれば、経営と呼ばれる今日の管理の基礎を形成する大きな一歩であった。しかし、極端に科学化の名の下にこのような形での管理を突き詰めると、人の機械化を招くとの批判もあり、その後、より「人」に着目した理論も出てくるようになった。

ファヨール　Henri Fayol（1841〜1925）

　テーラーと同じ時期に、フランスにおいて経営に対する理論を展開し、経営の古典とされる。ドラッカーの「The Practice of Management」（1954）に先立ち、マネージメントは肝要で普遍的なものであるとして、その重要性を指摘した。「企業のすべての活動は、以下の六つのグループに分けられる」とし、①技術的活動、②商業的活動、③財政的活動、

④安全保全活動、⑤会計活動、⑥管理活動を挙げ、「管理機能は他の五つの本質的機能と際立って異なっている」ものと位置付け、マネージメントを「マネージすることは、予測して計画を立てること、組織すること、命令すること、協調させること、コントロールすること」と定義している。この管理活動は、権限の階層が上位になればなるほど、管理監督者に求められる能力のなかで比重が高くなるという「ファヨールの法則」があるとした。さらに、「『管理することは未来をみることである』ということは、ビジネスの世界で計画に重要性を付与する考えを与える。予測はマネージメント全体ではないが、本質的な部分である」とし、経営計画の重要性も指摘している。

　また、企業の組織作りについての考察も行っており、下位の組織階層間で起こった問題をそれぞれ共通の上司になる階層まで持ち上げて調整を求めるのではなく、「ファヨールの渡り板」と呼ばれる下位の階層間での直接的な調整を行い、解決ができない場合にだけより上位の階層間での調整を求めるという形にすることで、組織としての問題解決の迅速性を高めることを提言した。これを含め、分業・権限と責任・命令一本化・指揮統一などの組織に関するものや、団結・創意・公平・安定といった職員のモラルに焦点を当てたものなど、14の管理の原則を掲げている。

　職人や業績の機構を皆が考えていたときに、組織を有機的なシステムと捉え、マネージメントの役割とマネージャに必要とされる本質的な技術について焦点を当てた。

バーナード　Chester Barnard（1886〜1961）
　彼の講演をまとめた「The Function of the Executive」（1938）で、現代のマネージメントの考えにつながる議論を展開している。
　個人を、物的・生物的・社会的な制約があるものの、自由意思を持ち行動を選択していく主体的自律的な存在として捉え、これらの制約を克服するためにとられる協働的社会行為が組織成立の基盤となるとしている。したがって、組織を「2人以上の人の力を意識的に協調行動させるシステム」と定義し、協働の視点から管理論を展開した。
　組織に個人が参加することは、組織の与える誘因（賃金・権力など）

と個人の提供する貢献の均衡がとれると考えられるからで、その意味で個人人格に基づく参加である。同時に、組織に参加する以上、協働のため組織が求める行為の選択をすることになるという意味で、組織人格が形成される。「共同体では個人や組織のすべての行動は直接的にも間接的にも相互に関連・依存している」というように、全体的アプローチをとり、個人の人格の尊重と組織目的の調和に目を向けた。組織が存続するためには、目的の達成を尺度とする「有効的」で、個人の動機の満足度を尺度とする「能率的」でなければならないとして、フォーマルな組織（「公式組織」）が成立するための要件として、組織目的・コミュニケーション・協働の意思を挙げた。

組織が存続するために必要な管理機能については、「第一に、伝達機能を提供し、第二に不可欠な努力の確保を促進し、第三に目的を形式化し、規定することである」というように、目的が受け入れられて協働が進むためには、コミュニケーションが組織にとって重要な役割を担っていることを指摘した。このなかで、経営者は単に短期的な目的達成を求める牽引者ではなく、組織の目標と価値を涵養する責任も持つとし、「経営者の責任の特徴は、複雑な倫理コードに従うだけでなく、他人のための倫理コードを作ることである」とするなど、仕事の世界にモラルの次元を提起した。管理者の役割を、単に測定・制御・監督というものから、例えば価値といったより捉えにくく抽象的な概念に関連したものに広げる道を切り開いた。また、非公式組織の重要性にも目を向けた。

30年以上にもわたる実務家としての経験に基づいた理論が展開されており、その後の組織論や管理理論に多大の影響を与え、俗に「バーナード革命」と呼ばれることもある。

フォレット　Mary Parker Follet（1863～1933）

20世紀初頭に協働と責任（後にエンパワーメントとしてよみがえる）について議論した。人々をビジネス活動の中心に置き、「機械的な側面から人間を完全に分離することはできないことを覚えておかなければならない」とするなど、人間性重視の視点から管理の理論を展開した。

組織内における対立に対しては、①支配、②妥協、③統合（調整）と

いう解決手段があるが、「我々の視野は狭く、活動は制限され、どっちをとるかの状況に思考を限るとき、ビジネスの成功の機会は大きく狭められる。『どちらかだ』といって威嚇するのを許してはならない。与えられた二つの選択肢よりよい何かの可能性はしばしばあるものである」とし、前向きの取組としての統合(調整)の重要性を強調している。ここで統合(調整)とは、個人的な対立感情にとらわれず、それぞれの要求をその構成要素に分割するなどして、まず真の対立を明らかにし、より建設的な解決を求めることである。

また、リーダーシップは教えることができるとの立場から、マネージメント研修の必要性を提唱し、リーダーシップについても、「最も成功するリーダーは、他の人が見るのと別の、まだ実現されていない絵を見る人である」とし、部分より全体をみて、グループの経験を組織し、将来のビジョンを示してフォロアーをリーダーに育成するよう求めている。

目標管理（Management By Objectives）

ドラッカーは「The Practice of Management」（1954）で、企業にとって利益が唯一の目的とするのは誤りであり、「事業は目標を設定してマネージメントする必要がある」として目標管理を最初に提示した。

目標は、企業活動全般にわたって設けられるべきで、「マーケティング・イノベーション・生産性・資源と資金・利益・経営管理者の仕事ぶりとその育成、一般従業員の仕事ぶりと行動、社会的責任」の8領域を挙げ、評価する尺度を立て、期間を決め、各目標間のバランスをとれる意思決定が求められるとしている。管理者は、組織全体、そしてより上位の部門全体の目標について、自らのグループにとっての意味を理解し、よく考え責任を持って参画することが必要である。また、「目標管理の最大の利点は、‥‥自己管理によって、適当に流すのではなく、最善を尽くしたいという強い動機がもたらされる。より高い目標とより広い視野がもたらされる」（p.196）とされ、「共同の利益を一人ひとりの経営管理者の目標とすることができる」唯一の指導的原理として目標と自己管理によるマネージメントが位置付けられている。このように、目標管理は、

組織全体の目標を離れて行うことはできず、トップから現場までを結ぶ組織全体の取組（すべての階層の「経営管理者」に当てはまる）でなければならない。

　ドラッカーは、「事業が何であるかを決定するのは顧客である。提供される財やサービスに対し進んで支払いを行い、経済的な資源を富に変え、ものを商品に変えるのは顧客である」というように、企業の目的を顧客の創造に置くなかで、利益のみを唯一の目標に置くことの危険を指摘している。

　評価についても、「評価は仕事に対して」一定の価値基準を持って行われなければならないとし、「明確かつ公にされた基準に基づかない価値判断は、理不尽であって恣意である。評価する者とされる者の双方を堕落させる」と警告し、「人の評価は、できることを引き出すものでなければならない」と積極的な取組を求めている。

　バーナードは「公的組織」という形で、企業だけでなく行政組織も含めて考察したのに対し、ドラッカーは企業を中心に考察を展開したが、ともに企業の最終目的は利潤を上げることにあるのではなく、サービスを提供することを目的とすべきとしている。行政が公的サービスの提供をその責務とすることを考えると、彼らの議論がそのまま当てはまるか否かは別として、様々な点で示唆に富む指摘がされている。

第5節　問題解決

「マネジメントは問題解決である」とする人もいるくらいに、管理監督者として問題解決を的確に進めていくことは非常に大切である。

♣仕事は問題か

「仕事は問題か」と問われれば、「そんなことはない」「えっ」というのが正直なところであろう。これは、問題の持つ含意が、試験問題から問題児までと幅広くあり、「それは問題だよ」という困った事態を想定するからである。「仕事は問題である」というのも当然ながら舌足らずであって、「仕事を進めることは、課題を次々に解決していくようなものだ」という意味で初めて納得されるものである。前節では、仕事を管理の過程として「目標」を意識しながら議論してきたが、ここでは仕事を問題解決の過程として捉え、「問題」（課題）を中心に議論を進める。

♣問題を見つける

「次々に課題を解決することが仕事だ」としたとき、「降ってくる課題」と「見つける課題」の2種類がある。

管理監督者として、部下から持ち上げられる相談や質問、逆に上司からの指示・命令、来年度予算案の策定、人事案件、果ては「お電話です」といった外部からの働きかけまで、「降ってくる」と考えることのできる課題は種々雑多である。これらをすべて問題として受け止め、以下で述べる問題解決の手順を踏まえつつ、その解決に当たるべきである、とする考えもある。しかしながら、ここでは問題を見つけるという観点から、降ってくる課題をそのまま問題として認識し取り

組むのではなく、一度自分で「問題として認識する」という過程を経て初めて解決すべき問題となるという立場をとる。

さきに、「組織は、その目標達成のために協働する人々の集合体である」とした。組織がこの意味で十全なものであれば、上司の指示や部下からの問題提起は、再度自分にとっての問題として認識する過程を経ても、大きく変わることはないだろう。残念ながら、どこの組織でもその現実は違っているといわざるを得ないし、だからこそ、まず最初に自分の問題とする取組が不可欠なのである。

現実には、多くの降ってくる課題をさばきつつ、優先的に取り組むべき問題を見つけていかなければならない。それは、管理監督者だけの努力で達成できるものではない。部下や関係部局が一定の仕事の自己管理能力を発揮し、上司をサポートする体制づくりが不可欠である。かっては、課長といえば重きをなしていて、課長に話を持っていくには十分詰めておく必要があったものである。逆に課長は細かいところは任せるといった対応もとられていた。このような既存の係長の役割、庶務・総務担当の責任者の役割、課長の役割といった棲み分けは、この意味での合理的な対応である。

今や、変化の激しい状況のなかで、係長や課長自ら走り回らざるを得ない事態にもなっている。管理監督者が自らも動くという必要も確かにあるが、同時に状況に応じたそれぞれの役職段階の役割の見直しを行い、お互いにある程度行動が読めるような体制を作り上げておくべきである。そのことが、組織としての問題探知・発見能力を向上させる道である。

♣問題解決の手順

一般に問題解決の手順は、次のようになるといわれている。

問題意識の明確化 → 現状分析 → 問題発見 → 解決策の検討 → 解決策の決定 → 実施 → 評価

それぞれの段階でのポイントを簡単にまとめると次のようになる。

問題意識の明確化

何が問題であるかという嗅覚を研ぎすますためには、抽象的に標榜される組織目的を管理監督者として自分のものとしておく必要がある。「あるべき姿」（シンボル、メッセージ）からの視点ともいえよう。最近では、このあるべき姿の提示こそがリーダーに求められるものであるとする議論もされるくらい、変化の時代には大切な役割である。

同時に、より身近なレベルでの問題の明確化にも有効である。前章で挙げた「コスト意識」からの無理・無駄・ムラをなくそうとする視点や、次章で述べる「正速安楽(せいそくあんらく)」の視点などがその具体的なものである。次の現状分析とここでのあるべき姿との乖離(かいり)から問題が浮き上がってくることとなる。

現状分析

問題を発見するためには、まず冷静な現状分析が必要となる。現状に関するデータには事欠かないのが普通であり、それらのデータを利用して、いかに現状に対するイメージを作り上げられるかが鍵となる。多くの情報があればあるほど、正確な現状分析ができるというのは誤りである。情報の多寡ではなく、明確な問題意識を持ってデータに接していること、そして、現場の情報に敏感なことが必要となる。

分析という以上、冷静であるべきだが、同時におかしいと思われる

ことについては、もう一段情報を集めるなど積極的な取組も必要とされる。

問題発見

現状分析の上に立って、問題意識の光を当てたときにみえるのが問題である。

取り組むべき問題を特定することは、実はかなり難しい。多くの場合、根本的な問題から派生した状態を、問題視していたりする。現状に対する洞察力と、明確な問題意識が相まって、真の問題の発見につながるのである。俗に「対症療法」と呼ばれる問題対応の仕方は、真の問題に取り組まず、表面的に起こってくる問題にのみ対応することをいう。そして、それを繰り返しているうちに、事態が悪化して取り返しがつかなくなることもある。

ことほど左様に問題の特定は重要である。そして、的確に問題が特定されて初めて、有効な解決策が打てるのである。

解決案の検討

解決策を考える際のポイントは、自由な発想と実行可能性という背反する要素である。

現状はこうであるから、このような制約があるから、といった前提条件を明確にしないまま当然のこととして受け入れて、解決策を考えるのでは対応に限りがある。まずは、立場や制約を一度わきに置いて、いろいろな角度から解決策を考えるようにする。次いで、解決のため投入できるリソースや解決に当たる立場などの制約を考慮して、実行可能性を含めて解決案の検討を進める。この段階では、様々な関係者から衆知を集めるとよい。

解決策の決定

幅広く解決案を検討したなら、どの解決策を選ぶかという決定は自然に行われるべきである。

解決策に対する評価が、その案の段階から形成されていきながら、解決策を決定するところまで残ってきているはずだからである。しかしながら、現実の世界は、択一式の試験問題のように正答が必ずあるとは限らない。「あちら立てれば、こちらが立たない」というようなこともあり得る。利潤などといった数量的基準が判断のベースに置かれない限り当然のことであるが、だからといって、解決策の決定は多数決でよいということにはならない。問題意識の源である「あるべき姿」に立ち返って、解決策は決定されるべきなのである。

実際に解決策を講じるには、管理監督者が責任を持つ部局の取組だけで済む場合のみとは限らない。大きな問題には、組織全体とはいかなくても、関係する部局も巻き込んで取り組まなければ解決できない場合も少なくない。組織を巻き込んで、問題意識の共有から問題の認識、解決策の有効性についての理解を求めなければ、実際に有効な問題解決行動に移れないのである。

引き続く「実施」「評価」は、基本的に管理の過程におけるそれと対応する。

実施

実施段階における調整としては、解決策を決めたときに期待されたように効果が上がらない場合、解決策を手直しして対応する工夫をすれば十分とは限らない。同時に、問題の設定がこれでよいのか、という根本的な問いかけも必要となる。

一番危険なのは、一度決めた解決策に固執して、予想どおりの効果

が上がらないものの一定のプラス効果が出ているようなときに、無反省にさらに強力に推進するべきであるとの考えに陥ることである。

評価

完全に問題が解決したという状態にならない限り、また次の問題解決サイクルに入っていくこととなる。

予想どおりの効果がでないことは、想定される「あるべき姿」と現実の乖離(かいり)であり、これに対しても問題解決を図るべきなのである。問題解決の手順が単なる技法としてでなく、広く強調されるのは、このようにともすれば直感的・感情的に結論に飛びついてやけどをしかねないところを、冷静に対応させる道しるべになるからである。しかし、この手順をとっていれば、常に答えが出るはずだと頼ってもいけない。

♣管理の過程との共通性

第2節で議論した「マネージメント・サイクル」での計画段階が、問題解決では解決策の決定までのプロセスに相当するものとみることができる。現状を目標まで引き上げようとする、あるいは目標に示されたことを実行しようとするという意味で「現状変更」の取組を捉えたのが管理の過程である。一方、問題意識からみて現状に問題を見いだし、それを解消しようという現状変更の取組が問題解決の手順である。

このようにみれば、目標設定から計画策定までの手順を問題解決ではより詳細に順序付けたものといえよう。実際、仕事の管理に限らず、問題解決の手順は少し手を加えれば、いろいろな場面に応用できる。次節の改善や改革の手順にも応用できるのである。

「管理の過程で」(第2節参照)述べたように、問題解決の手順を考えるとき、基本の基本たる大事さがあるだけでなく、問題をどのように見つけて特定するかに大きな比重があることに気をつける必要がある。

発想法のいろいろ

エジソンが「発明は99％の努力と1％のひらめきである」と言ったように、強い問題意識と解決のための意欲や努力を抜きにして、「うまくいく」発想法などというものはない。しかし、自由な発想を妨げるといわれる先入観や固定的な考え方の枠を破るために、様々な発想法が考えられている。

視点を変える

「生産者の視点から消費者の視点に」ともいわれるように、同じ商品を開発するにも、作り手の立場からの要請と、使う側からの要請は大きく違う。管理監督者と部下の関係も同様である。「相手の立場になって考える」「原点に戻って考える」「反対する立場になってみる」というのも、自分の枠を飛び越える方法の一つである。

情報をいじる

関係する情報を組み合わせたり、アナロジーをして考えたり、一見無関係な情報を走査したり、様々な様式に従って分類したりと、情報をいじり、様々な角度からみたり結合したりすることで、アイデアのヒントをつかめることがある。

集団の活用

「3人寄れば文殊の知恵」というように、うまくすると集団で考える方が発想の質・量ともに大きくなる。話し合いによる相互触発や、言葉にすることによる論理構成の明確化や、良い意味での競争心などが生まれる場が作られれば、新しい発想も期待できる。もっとも、互いになれ合ったり、意地を張り合ったり、押しつけあったりといった態度が持ち込まれれば逆効果になる。

代表的な発想法で、職場でも活用しやすいものとしては、次のようなものがある。

ブレイン・ストーミング

直訳すれば「脳に嵐を」とでもいえるように、こだわりを捨てて自由に思いつきやアイデアを出し合い、集団で連想を広げていこうとする技法である。そのため、「他人のアイデアの批判をしないこと」、「突拍子

もないアイデアも歓迎すること」「多くのアイデアを出すこと」、「他人のアイデアから連想すること」といったルールを設けている。具体的な進め方には、自由に発言したり、順番に発言を求めたり、カードに記入して持ち寄ったりと様々な変形がある。いずれにせよ、出てきた多くのアイデアをどう活用していくかが次の課題となるが、方向性がみえないとき、行き詰まったときや初期の検討段階で活用されることが多い。

チェック・リスト法

例えば「5W1H」(Who, What, Why, When, Where, How)のように、チェックすべき質問に答えようとすることで、見落としに気づくだけでなく、行き詰まりを打開する手がかりにもなる。より大がかりなものとしては、「他の使いみち」「他からのアイデア借用」「変える」「拡大する」「縮小する」「代用する」「入れ替える」「逆にする」「組み合わせる」といった検討項目のもと70以上の質問が用意された「オズボーンのチェック・リスト」もある。もっとも、頼りすぎるとチェックリストの枠組みにとらわれてしまう危険もある。

このような発想法は、ある形で連想を強いることから「強制連想法」ともいわれ、このほかにも、「特性列挙法」「欠点列挙法」などがある。

KJ法

考案者、川喜田二郎の頭文字をとった発想法。多くの情報の関連付けを、カードなどを使った空間配置作業を通して見いだし、図式化、文章化するなかで、問題の原因や解決法を考え出していこうとするもの。このほかにも、多くの情報をまとめるなかから発想を引き出そうとするものには、因果関係に基づくまとめ方を使う「特性要因図」や、文章化することで将来の問題点を洗い出そうという「シナリオ・ライティング」などがある。一般に、かなりの労力と時間をかけて行われるものが多い。

最近はナレッジ・マネージメントが注目され、知識の創造、その組織での活用が強く求められるようになってきている。単に発想法の利用をすればよいというのにとどまらず、いかに職場で創造性豊かな場が作られるか、そこでのアイデアを組織のものとして活かしていくかについて、管理監督者の置かれたそれぞれの現場での実践が求められている。

第6節　改善から改革へ

　管理監督者は、管理の過程をしっかり押さえながら、係や課の仕事を着実に進め目標を達成していくことが基本である。これに加えて、よりよい仕事の進め方、よりよい目標の達成方法、ひいては目標自体の見直しも含めた取組－改善や改革－が仕事の方向付けをする原動力となる。

♣改善と改革の違い

　改善は、現在行っている仕事の進め方や、ひいてはその結果をよりよいものにしていくための取組である。したがって、現在の仕事について熟知していることがその出発点となる。これに対し、改革は「あるべき姿」を強く意識して現状を改革していこうとする取組である。往々にして、改革は強い現状否定の態度につながることが多い。したがって、改善と改革の違いは、現状に対するアプローチの出発点と方向にあるといえよう。

♣改善の特徴

　現在行っている仕事を良くする視点として、「より正確に」「より速く」「より安く」「より楽に」という問いかけがよく挙げられる。これを標語的に省略して「正速安楽(せいそくあんらく)」という。
　改善は、現在の仕事を熟知していることが出発点であることからも分かるように、現場からの発想が非常に有効である。そして、比較的小さな現状変更で大きな効果を生み出す可能性を秘めている。「ＱＣ運動」や「ＴＱＣ」(p.132「ＴＱＣと改善」参照)にみられる現場主義と、その大きな成果がそれを物語っている。

しかしながら、「インクリメンタリズム」（段階的現状改良主義）ともいわれる改善の取組は、システム全体の機能不全には対応できない。そのような場合、改革への取組が必要となるのである。そして今、社会の様々な局面で、改革への取組が求められるようになってきている。

♣改革への取組

　理念としては、「あるべき姿」を心に抱いて、現状のしがらみを振りほどいて、新しいシステムを構築するに等しい改革は、素晴らしいものに思われる。実際、成功した改革は素晴らしい成果を誇っている。しかしながら、改革は常に成功するとは限らないのである。成否を見極めた後では、「この点を見落としていたから」「この点に気づいたから」「こういう構図が描けたから」と、成否のポイントを言い当てることができる。しかし、あらかじめ成否が見極められて進められる改革というのは、ほとんどない。些細だと思われた取組が、大きな改革へ発展していくことも多い。さきに述べた「改善と改革の違い」も、ある程度取組が進んでからみえるものともいえ、グレーゾーンはある。いずれにせよ、手を着けなければ進まない、変わらないのである。

　改革もどのようなあるべき姿を心に抱き、現状とのギャップから何を問題として取り組むかによってその道筋が決まる。そこでは、前節の「問題解決」でみたように、問題の設定が成否の鍵を握るのである。さらに、一般的に改革は現状を大きく変更する試みであり、失敗の代償も当然大きい。リスクの大きい取組なのである。したがって、「とても現実的ではないのでやれない」「そんなことはできない」といった反応に押しつぶされることも多い。「まな板のコイ」であっても、自分で調理はできないように、外部や上からの強い圧力、危機的状況が改革の引き金となることが多いのも事実である。しかしながら、社会や時代が大きく変化し、旧来のシステムでは対応が難しくなったと

きこそ、改革の出番なのである。管理監督者が1人で改革を進めていくことは難しいにしても、今や管理監督者は、仕事の意義を見つめ直し、必要があれば、リスクの大きい改革の動きをその選択肢として、自らの責任を持つ仕事のなかに取り込める力量を求められている。そして、真の改革とは、このような管理監督者を中心とした、しっかりしたサポートがあって進むものなのである。

♣改革の手順

改善も改革も、基本的に問題解決の手順で進めることができる。改善・改革の取組に当たって、特に注意を要するのは、次のような点である。

前向きの改善・改革の意欲

現状変更の取組である以上、小さな改善にしても、様々な障害が待っている。無理してまで現状を変える必要はないという、現状肯定的な心情は自然なものであり、事勿れ主義や、過去の経験を大事にする態度などが背景となって、新しい試みを避けようとする心理が働くことがしばしばある。

前節の「問題解決の手順」で示したような、冷静な現状分析と前向きの問題意識を持つことで、改善や改革へつながる発想を少なくとも検討の俎上に載せなければならない。そのためには、管理監督者自らが、前向きの意欲を持つとともに、部下にも、そして周囲の人々にも働きかけて様々なアイデアを受け止めることが必要となる。

周囲の理解

改善や改革は1人ではできない。提案される改善案や改革案について、周囲の理解を得ることが特に重要である。

いかに良い改善案や改革案であっても、その影響を受ける人々の理解がなければ実行に移すことさえ困難となる。仮に、トップの支援を得られて実現にこぎ着けても、トップや担当者の異動により火が消えてしまうことも多い。組織としての継続的な取組にしていくためには、冷静に新しい試みの得失を示し、理解を得る努力を惜しまず、協力者の輪を広げていくことが大切である。

改革については、予測が難しく、成功の見通しも確実でないことが多い上に、現状変更の大きさゆえ、一部にかなりの痛みを与えざるを得なくなる場合もあり、強い抵抗にあうこともある。それゆえ、上記のポイントは一層心して押さえられなければならない。

案の周到な検討

改善でもそうであるが、改革では特に、案の周到な検討が不可欠である。そのためには、仮想的な問題解決のシミュレーションを行うとよい。幾つかの改革案とその及ぼす影響を「仮説」として立て、既存の情報や理論を用いて「検証」していく作業である。もちろん、科学的問題ではないので厳密に行えるわけではない。しかしながら、定性的、あるいは確率の考えを用いて、さらにはシステム工学の手法を用いて周到な検討を行う必要がある（p.156「意思決定に役立つ幾つかの手法」参照）。また、ある程度具体化すれば、試験的な試行を行ってもよい。それらの結果やリスクとメリットを示しながら、冷静に最善の案であることについて、しっかりしたプレゼンテーションを組み立てるようにする。これは、周囲の理解を得るためであると同時に、改革は現状に大きな変化をもたらすため、試行錯誤が困難であること、短期的には目立った効果がなくても長期的に効果が現れてくるような性質の改革が多いことから、実行に移す前に周到な検討を行ってその影響を精査しておく必要があるからでもある。

当たりのいい言辞で改革を始めたのでは、簡単に幻滅を生み、抵抗が大きくなる。厳しい状況認識に立って、共に現状変更の痛みと辛さを引き受けようという気持ちが、組織内に醸成されなければ真の改革にはつながらないのである。もっとも、真に「パラダイムシフト」（次頁参照）をもたらすような改革では、予測の枠組みを越えるものもある。既成の枠組みのなかで考える限りは、とてもうまくいかないとの結果しか出なかったものが、大きな改革へつながったという例に事欠かない。その意味で、組織にとっての辺境発展説をとるならば、小さくとも独立的な試行を、細かいことは言わずに進めさせる余地や、失敗も許容し得る余地をどこかに確保しておくというのも一法かもしれない。

♣改善か改革か

　係長、課長としてまず改善に取り組むことは、日常的な役割の一つと考えるべきであろう。
　一方、改革と呼ばれるようなシステムの変革は、トップのコミットメントがあって初めて進むものである。その意味で、管理監督者として改革の旗を振り、改革を進める中心となることは普通考えられない。しかしながら、多くの行政組織で組織改革、ひいては業務改革が求められ、動き始めているなかでは、改革への取組をしっかり自分のものとして、責任を持つ立場から有用な情報、意見や提案を提示できるような管理監督者が求められている。

ＴＱＣと改善

　ＴＱＣとは、「総合的品質管理」（Total Quality Control）の略。ファインゲンバウムが提唱した全員を巻き込んだ品質管理への取組。設計段階からの品質評価に始まり、購買品の品質管理、品質情報システムの構築など、

10の品質項目をまとめて管理することで、品質を安定的にし、改善を図ろうとするもの。我が国では「ＱＣサークル」と呼ばれる小集団活動による品質管理、さらには改善提案活動が広く普及している。

パラダイムシフト

　クーンにより「科学革命の構造」で提唱された、科学の一見不連続ともみえる新しい理論に移行する仕組み。パラダイムを、専門家を含めて実り豊かで未知のものにも当然適用できると考えられている世界観と捉え、この世界観の変更を迫る新しい世界観とのせめぎ合いとみて、その変移をパラダイムシフトという形で捉えた。パラダイムが安定している間は、専門家はその世界観に基づく検証に力を注いでおり、新しい事態についてパラダイムによる説明ができるよう工夫される。新しい事態をパラダイムが説明できなくなるから、別のパラダイムがとって代わるのではなく、古いパラダイムによる説明が混乱してくることで魅力がなくなり、新しいパラダイムがより魅力的な世界観を提唱するものとして受け入れられることでパラダイムシフトが起こるとした。

　経済や経営の分野にも、この考えを援用し、社会や組織の一般的通念、世界観の変化を最近の変化のスピードの速い時代に重ね合わせて議論されることもある。

第5章　リーダーシップ

　これまで、組織目標を追求する集合体としての「組織」、そこでの目標達成のための管理としての「マネージメント」について議論してきた。その流れでいけば、「リーダーシップ」とは、目標を目指してチームを、そして部下を率いるリーダーの（影響力を含む）働きということになる。以下、この章では管理監督者を「リーダー」と、管理監督者が率いる組織単位を「チーム」と呼ぶことにする。
　チームを率いる責任者として、「マネージメントをどのように動かしていくか」、管理の過程や問題解決、改善や改革の取組に、「リーダーとしてどのようにかかわっていくのか」という形の問いかけから入っていこう。

第1節　部下の理解と動機付け

　八甲田山ではないが、「雪山で道に迷い、進むべき方向を見失ったとき、意見の食い違いがあろうとも誰かが一つの道を示して進まないと遭難しかねない」という話がある。ここで道を指し示すことこそリーダーの役割である（今では防寒技術の進歩や救助体制の整備などで、現実とは異なろうが、ここでは比喩的にチームの心象風景と重ねて考えている）。進んでいった先が崖っぷちでは仕方ないのであり、道を示すだけでなく「よい」リーダーとは、チームを引っ張っていった結果を出せなければならない。組織において評価される結果をである。したがって、リーダーシップの定義で「目標を目指して」チームを率

いるとしたように、進むべき道を指し示すことが期待されており、その上で組織全体の目標をしっかり踏まえた上で、自らの率いるチームの目標を示すことが「よいリーダー」の最低条件である。そして、示した目標をチーム全体で共有し、その達成のためにチームの力を最大限に発揮させることが期待されている。

　このように、リーダーシップはチームへの働きかけ、人への働きかけを通して発揮されるものである。このような人間関係の妙は尽きることがなく、「織田信長」「豊臣秀吉」「徳川家康」ひいては「坂本竜馬」が、中国の「諸葛孔明」などの英雄伝が繰り返し翻案され、長く読まれている所以である。他の分野と比べ、アジア圏に偏っているのは、東洋的な人間関係の素地が今でも我々に色濃く残っているせいであろうか。

♣人を動かすために

　人へ働きかけるには、まず働きかける対象である相手＝部下のことをよく知らなければならない。「えーっと君、名前は？」というのでは話にならないのである。「Aさんは、交渉ごとは不得意だが、しっかりした文章を書ける人だ」とか「Bさんは、まだ経験は少ないがどんなことでも前向きに取り組もうという意欲がある」とか、部下の能力・資質・意欲などについての理解を深めておく必要がある。

　忙しいときにはっきり意図が分からない会話をリーダーからもちかけられたり、自分が不得意だと思っていることを次々と指示されたりすると、（職制上の関係からは従うものの）部下の方としては勘弁してほしいという気持ちになるものである。逆にリーダーが、こちらが思わぬことを見つけて褒めてくれたり支援を申し出てくれると、大変でも「頑張ってみるか」という気の一つも起きるものである。その意味で、リーダーシップの基本は「相手の立場になって考える」ことか

ら出発する。

♣リーダーシップスタイル

リーダーシップスタイルには、次の三つのタイプがあるといわれている（呼称については専制・独裁・民主・放任などもある）。

①**指示型**：部下に一方的に指示して仕事を進めるタイプ

　　例えば、細かいところまで言うリーダー、自らが先頭に立ってついてこいというリーダー、細部までしっかり決まっているべきだというリーダーなどが、この類型に当たる。

②**参加型**：部下と仕事について一緒に議論し、参加させて仕事を進めるタイプ

　　例えば、会議を開いて意思決定をしていくリーダー、部下に対する仕事の期待をよく説明するリーダー、仕事の進み具合や問題の相談に熱心なリーダーなどが、この類型に当たる。

③**委任型**：部下の判断を尊重して仕事を進めるタイプ

　　例えば、部下の意見は尊重し、チーム内での調整のみを図るリーダー、仕事の目標は提示するが、やり方には関与しないリーダー、指示を出すより任せるというリーダーなどが、この類型に当たる。

ヘッドシップ

　より上位の役職・地位といった制度的に管理する立場にある者＝管理監督者が、その立場に与えられた権限に基づいて部下に対し指揮命令を出し動かすこと。一般に、組織では、部下は自分の上司の命令に従うことが求められているし、人事権なども管理監督者に与えられていることを背景として、ヘッドシップが発揮される。リーダーシップは、ヘッドシップがなくとも、人への働きかけ、人をひきつける魅力といったものから、メンバ

ーが進んで従うようになるのに対し、ヘッドシップは、リーダーシップがないと、お上(かみ)のいうことには従わざるを得ないといった服従的態度をもたらす。もっとも、ヘッドシップの発揮が問題であるのではなく、組織において誰の命令を聞いて動けばよいか明確にされていること―命令統一の原則―は大事なことで、その際、リーダーシップを発揮し、部下を理解して動機付けていくという働きかけに裏打ちされて、組織の動きが円滑になると考えるべきであろう。

> **エンパワーメント**
>
> 「公的な権能を与えること」を意味し、マネージメントの世界では、現場への権限委譲により、職員一人ひとりの能力や意欲を最大限に引き出そうという取組をいう。変化のスピードが速くなってくるなかで、変化の徴候をいち早く察知できる現場が主体的に判断して対応できるようにすることで、環境変化に迅速に対応できる組織にしていこうという動きもあって広まってきている。
>
> エンパワーメントは、参加による動機付けを更に進めて、「任せる」ということで、自分の仕事であるという意識をもたらし、①自己責任の意識が高まり、②改善・改革への積極的取組、③自主的、積極的な仕事の展開、④組織目標への関心が高まるといった効果が期待される。
>
> このように自主的に判断して動くことを求めることができるようになるためには、組織の目標を現場でもしっかり認識していることが不可欠となる。エンパワーメントとあわせて、ビジョンを提示する経営者が脚光を浴びている所以(ゆえん)である。

♣状況に応じて

さきに挙げたリーダーシップスタイルは、リーダーとなる人の特性に着目して分類しようとするものではない。リーダーの部下に対する働きかけのパターンとして理解されるべきものである。

「指示型の課長を持つときついよ」とは言えないのであって、「今

度の課長は、以前のところでは委任型だったのに、今じゃ指示型になってね」と言うことはあるのである。もっとも、これらのスタイルもそんなに明確に区別できるものではないし、どのスタイルが良いとか悪いといわれるものではない。「相手の立場になって考える」というリーダーシップの基本に鑑みれば、リーダーシップスタイルも相手の状況によって変えていくべきものといえる。

　一般に、部下の習熟度や能力に応じて、とるスタイルは変わってくる。まず、採用したての場合や、この手の業務については初めての場合は、指示型のリーダーシップをとることが多い。土地勘が出来るまである程度は引っぱり回す必要があるためである。

　次に、経験も積んで自ら仕事を進めようという意欲が高くなってきた部下には、参加型のリーダーシップをとることが多い。リーダーの考え方やリーダーを通した組織目標の伝達に努めることで、部下の意欲や能力を高めることが期待される。

　最後に、十分ベテランでしっかり責任を持って進められる部下には、委任型のリーダーシップをとることが多い。リーダーに尊重され、任されているということで、いきに感じて頑張ることが期待される。

　また、仕事の緊急度に応じて、とるスタイルも異なってくる。緊急度が高く、急ぎの仕事の場合、指示型のリーダーシップがとられる。これは目標について当面議論をする余裕はなく、リーダーの意図する形でまずは行動することが求められるからである。

　逆に、仕事の達成までに余裕が与えられているような場合には、参加型・委任型のリーダーシップがとられる。目標の共有や洗練のための時間がとれること、最小限の失敗もフォローできる時間的余裕が見込まれることなどによる。

　このほかにも、異動直後のリーダーのとるリーダーシップは、委任型・参加型から始めていくというようなこともある。

このように、ある特定の状況を設定して、単純化して配慮する要素を限れば、どのようなスタイルをとることが一般に適当かということはいえる。しかしながら、実際のリーダーの行動は単純ではない。

「相手の立場」といっても、常に１対１で向き合っているわけではなく、集団内での相手の立場もある。「習熟度や能力」に応じてといっても、微妙なところはやらせてみなければはかりきれない。「緊急度」といっても、しっかりしたチームワークが出来上がっている場合と、寄せ集めでできたばかりのチームでは時間に対する感覚が全く異なる。現実的に種々の点に配慮した相手の立場に立った働きかけとしてどのスタイルになってしまうかを決めていくしかないのである。

かって、リーダーシップは天性のものであるとの議論もあったが、このあたりの機微を即座に捉えて対応できる人を想定していたのであろうか。しかし、（カリスマは無理にしても）いかにぎこちなくとも相手の立場を理解しようとし、それを配慮して、リーダーとして責任を持って取り組むことが伝われば、十分リーダーシップは発揮できるのである。

♣部下を理解して

さきに「人への働きかけをするには、まず働きかける対象である相手＝部下のことをよく知らなければならない」と述べたが、具体的にどのような点に気をつけていけばよいのだろうか。

十人十色

人はそれぞれである。まずそこを認めることから出発しなければならない。「彼はできたのに、あいつはできない」だから「あいつは努力が足らないのだ、役に立たない」などという短絡的な発想は、つい

感情にかられてのものというのと同時に、人それぞれの個性を無視しているところがある。最も気をつけなければいけないのは、「自分ができるから」という自分を中心とした物差しである（p.146「評価について」参照）。

　それぞれの長所を等身大で認めていくことが大切なのである。

接触を通して

　突然、普段関係のない局課の人から「遠くから仕事ぶりを見ているのですが、あなたのやり方はおかしいですね」と言われれば、きょとんとするであろう。リーダーにしても、ほとんど指示もせず、話もしていないなかで、突然「そのやり方はおかしい」などと言い出そうものなら、「何も分かっていないくせに」と思われるのが落ちである。仮に、「リーダーが悶々と長く考えていたために話が遅くなった」「しっかりと様々な観点から考えて意見を言おうと思っていたので、つい遅くなった」などという、リーダー側の言い分があるにしてもだ。

　我々は占い師ではないのであって、外見だけ見ていて「黙って座ればピタリと当たる」とはいかないのであり、他人を顧みないマイペースだけでは通用しないのである。当然ながら、部下を理解するには、部下との普段の直接的な接触が大切なのである。それと間接的・客観的な観察が相まって部下に対する理解は深まる。そのためには、以下のような機会を、仕事上で報告や相談に来たときや、こちらから指示を出すとき、会議のときなど、いろいろな場面のなかで接触し、観察するように心がけることである。

　①話しかける
　②意見を求めたり、共に議論する
　③仕事ぶりを観察する
　④やらせた仕事の経過・結果をよくみる

「はじめは取っつきにくい人だと思ったけれど、付き合っていくうちにいろいろな良い点がみえてきた」というように、様々な接触を通じていろいろな面がみえるようになる。早めに「あの人はこういう人だ」と決めつければ、部下の隠れた長所を見落とすことにもなりかねないように、固定的な先入観は禁物である。しかし、すべてゼロから出発して部下を理解するだけの余裕があるわけではないので、実際は、「こんな人だろう」というイメージは持ちつつ、それを実際の接触や観察を通じて柔軟に修正していくことになる。くれぐれも肩書きや経歴などからくるイメージに固執しないように。

相手に分かるように

リーダーとして、どのような態度で部下に接しているのかについて、部下の方は非常に敏感である。

普段の接触や観察は重要であるが、それが「査定」をしようというような態度で行われると受け取られれば、十分な成果は得られない。部下は、「査定」される立場として、欠点がみえないよう、たてつかないよう、防御的に対応するのが普通である。「あの人が上の間は仕方がない。静かにしておこう」となる。そうでなくても、リーダーに対しては役職が上であることや、指揮監督関係にあることから、部下は自分の考えや感情を抑えるのが一般的であるので、リーダーの方からの働きかけが重要となる（p.136「ヘッドシップ」参照）。同じチームの仲間として相手を尊重しつつ、長所を見つけようとする気持ちで接するべきであり、それが自然と伝わっていくことこそ、リーダーシップを支える大きな要素でもある。

相互理解の気持ちを持って

リーダーが自らの考えや気持ちを隠したまま、部下のことだけを理

解しようとしても、表面的にとどまることが多い。相手の気持ちを理解するには、まず自分の考えや感情も自然な形で示せるようにする必要がある。もっとも、相手に考えを押しつけているように受け取られては逆効果なわけで、リーダーシップは時と場を押さえたものでなければならない。

♣ 動機付けを与える

リーダーの示す目標に向かって、部下が進んでその達成をしようとする気持ちにさせることが、「動機付け」である。そのためには、これまで述べてきたように部下の理解が欠かせない。そして、その理解の上に立って、動機付けを促す働きかけをしていくこととなる。

「何だかよく分からないが、ともかくやればいいんだろ」とか「自分には向かないが、リーダーが命じる以上仕方がない」などと思っているのは、全く動機付けがない状態である。そのまま仕事を進めても、思うように目標は達成できない。自らの目標だと思って、前向きに仕事に取り組むよう動機付けされれば、部下は多少の障害が立ちはだかっても自らの工夫で乗り越えようとし、予想以上の能力も発揮するものである。さらに、うまく進めば達成感や充実感が生まれ、動機付けが一層強くなるという好循環が生まれる。

このような好循環を生む動機付けを、部下に与えることがリーダーシップに期待される最も重要な役割となる。そのためには次のような取組を進めていくとよい。

大事な仕事をしていること

「他人の芝生は青く見える」というわけではないが、部下は他の人に任された仕事の方がより重要で、自分の担当しているのはサポートにすぎないとか、ルーチンだとか、割の合わないものだとか思い込み

がちなものである。リーダーが、チーム全体の目標を熱っぽく語っても、それを支える個々の部下の仕事の役割や意義について明確に示さないようでは、このような他人と比較して自らの仕事の重みを決めつけてしまう傾向を助長してしまうこととなる。したがって、リーダーはチーム全体の目標の意義と重要性を示すだけでなく、部下に割り当てられた仕事の位置付けと重要性についてもしっかり理解させる努力を払わなければならない。そして、ここでもまた個々の仕事の重要性についてのリーダーの思いが自然と伝わらなければならない。

「自分は大事な仕事を任された」と認識し、「リーダーも大切に考えている」と感じることは、やりがいや誇りにつながるのである。

権限と責任を負わせる

「自分を評価してくれて、任せてもらった」と感じるとき、いきに感じて頑張るものである。任せたと言いながら、常にどうなったか知りたがり、果ては口をすぐ出すようでは、部下は受け身になってしまうし、やる気も失せる。「そんなにいうなら御自分でどうぞ」とか「イエスマンに任せればいいだろうに」というように。したがって、部下の能力と経験を踏まえた上で、仕事を割り当てる際に、一定の責任と権限を負わせて任せることが必要となる。リーダーとして最終的に責任をとるという姿勢を示しながら、部下に任せて、部下にも責任感を持たせるようにすることが大切である。

挑戦させる

簡単に済ませられる仕事だけ任されていたのでは、やがて手を抜くことを覚えてしまう場合もある。自分には少し難しいかもしれないが、やってできないことはないと思うようなレベルの仕事を担当させることは、挑戦する気持ちを引き出す効果がある。挑戦的な仕事を担当で

きるということで、リーダーから評価され期待されていると感じることができ、またその仕事を達成できたときには、更なる意欲が湧いてくるものである。もちろん、挑戦的であればあるほど、仕事に行き詰まる可能性も大きくなるわけで、任せる以上、いざというとき支援できるようリーダーとしてそれとなく気を配っておくことも必要である。

評価する

褒められれば、悪い気はしない。頑張ってやり遂げたことを褒められれば、更に意欲が湧く。逆に、頑張ってやり遂げても、ほとんど評価されなければ、気が抜けるものである（不満がつのることもある）。といって、ただ褒めさえすればよいのではない。

リーダーとして、仕事の目標を中心に置いて公正に評価する必要がある。複数の部下を率いる場合は、結果を冷静に評価する態度は欠かせない。耳に痛い意見は、つい煙たく思いがちなものである。例えば、目標設定の段階でのリーダーに対するイエスマンを評価し、耳の痛い意見を述べる部下を煙たがっていると思われるようでは、リーダーに都合のよいものだけが高く評価されるのだと受け取られ、やがて部下は黙ってしまうようになる。リーダーとして、部下の取組をしっかり評価し、努力も認める姿勢を示すなかで、頑張ってやり遂げた部下を褒めるようにする。そうすることで、よりよい仕事に向けての意欲も湧き、部下も自信が持てるようになってくる。もちろん、仕事をやり遂げた場合に限らず、仕事を進める上での工夫や、長所を活かした取組など、褒めるべきところを見逃さないようにすることが大事である。

参画させる

以上の四つの要素は、部下を参加させる取組のなかで、活用できる。一般に、リーダーシップスタイルとして好まれるのが、参加型若しく

は委任型であることにも通じるかもしれない。しかし、ここで間違ってはならないのは、参加型・委任型のリーダーシップスタイルをとれば、動機付けできると安易に考えることである。

　動機付けにつながる参画や参加とは、「一緒に議論すること」「決定の前にみんなに図ること」というだけの形式的なものではない。むしろ、形式的に参画・参加させているからいいはずだとリーダーが自己満足してしまうようだと、反発を招き、逆に動機付けを損なう結果になりかねない。さきに「仕事の目標を中心において」「心から」参加させることが必要であると述べたが、そのためにリーダーとして次のような考えに立って参加を求めることが望まれる。

①部下の力を信じる
　　部下はそれぞれ特長があり、仕事を任せたり、参加を求めることで、それを活かし伸ばすことができる。

②衆知を結集する
　　様々な個性と考えを持つ部下の意見を、仕事の目標に向かって集約することで、よりよい内容に、よりよいやり方を見いだすことができる。

③成長を望む
　　仕事を通して部下が自らの能力を十分に発揮し、目標を達成することで充実感を得、さらに自己を開花することは、リーダーとして非常に喜ばしいことである。

　これまでの議論を振り返ると、様々なところでリーダーとして「自然に示す」こと－普段の態度や接触を通じた伝達－が大事であることを強調してきた。リーダーシップは人の先天的な特性であるという議論が、リーダーシップ論としては古くなっているにもかかわらず受け入れられやすい素地は、こんなところにもあるのかもしれない。自分

なりのリーダーシップを、自分なりの自然さで示せるようになるとき、リーダーの魅力としてあたかもその人の持って生まれた特性であるかのように受け取られるのであろう。その意味で、周りから先天的リーダーと見られることこそ、リーダーシップが理想的に発揮されている状態ともいえよう。

評価について

評価を行う際、問題とされるのは「信頼性」「有効性」「正確性」の三つの要素である。

面接など人による評価に当たって、評価誤差をもたらす原因として次のようなものがある。

ハロー効果

「いい人だ」というような全体的印象が、個別の評価項目に影響を及ぼしたり、逆に特定の評価項目に影響されて、全体的印象が形成されるような傾向を指す。

寛大化傾向

厳しい評価を下すことには勇気が要るものである。特に、自分と直接関係がない場合には、「この程度は許せる」という許容範囲も広くなりがちとなる傾向を指す。

中心化傾向

複数の人を評価するとき、なかなか差をつけられず、良い評価も悪い評価も少なくなる傾向を指す。

以上のような傾向が起こりやすいことを心して、評価の信頼性、有効性、正確性をより高められるような、評価者の訓練が必要となる。

職場に評価が持ち込まれるとき、客観的とされる立場からの評価に任せるのではなく、自己評価や360度評価といった、評価の相対性を前提としたり、納得性を求める取組も最近では広がってきている。

自己評価

自分で業績全般やその一面を評価させるもので、人材育成の観点か

ら、上司からの評価、部下からの評価などと一緒に導入されることが多い。自己評価の長所は、被評価者に対する情報を最も多く持つ評価者によることであり、短所は過大評価に陥りやすいことである。

360度評価

業績評価を複数の見方から行おうとするもの。上司・部下・同僚からの評価、さらには自己評価や顧客からの評価も組み込まれることがある。被評価者に、周囲の評価がどのようなものであるかをフィードバックすることで、得意・不得意を自己診断し、改善に向かっての取組を促すことを目的とするものが多い。態度でなく行動を評価するようにすること、好意的な評価者のみの選択にならないよう注意すること、匿名で正直な評価を下せるよう配慮することなどが大事であるといわれている。

行動科学の系譜

行動科学とは、人間の社会的行動を科学的に説明しようとするアプローチをとる学問であるが、組織におけるリーダーシップの発揮に当たっては、人間をどのように理解して働きかけるかが、様々なアプローチに分かれる鍵となることから、特に重要視されている。

組織における成人の心理学、人間関係学でもあり、リーダーシップ論として展開されるものもある。

ホーソン実験

ウエスタンエレクトリック社のホーソン工場で行われた実験（1927～1932）で、参加したメーヨーやレスリスバーガーにより、人間関係論として理論化された。

5人の女性労働者が別室に移され、彼女たちの仕事が観察された。研究は当初、物理的・技術的要因のみに限定されており、社会学的要因は意味を持たないと思われていたが、結果は違っていた。仲間から離されてモラルは上がった。選ばれたということで、注目を浴びていると感じたのである。また、グループに属しているという意識が生産性を向上させた。「自分の仲間に評判が良ければという願い、つまり結合への人間

本能は、多くの見せかけの管理の原則がその基礎を置く個人の関心・利害や合理的な論理より勝るのである」とメーヨーは評価している。勤務環境の変化（それが明らかに良い方向でなくても）は、成果を向上させることも分かった。

　ホーソン実験が脚光を浴びたのは、それが人々と彼らの動機付けがどんなビジネスでも成功のため欠かせないということを明らかにしたことにある。職場に人間性を取り戻すべきであるとの主張は、大量生産の非人間的側面が認識されつつあるなかで注目を浴びた。ホーソン実験は、企業が利用もできるし、無視することもできるグループ間のインフォーマルな組織の力も明らかにしたのである。

マズロー：欲求段階説

　人間心理の研究は、感情・欲求といった主観的なものを考察しなければならないとして、人間性の心理学を提唱した。「自己実現とは、才能・能力・可能性の使用と開発である」とし、自己実現により成熟した人間に対し、それに至らない平均的な人間は欠乏によって動機付けられるとした。このように人間を動機付ける欲求（欠乏）の相対的関係を捉えて、欲求段階説を展開した。

　多くの欲求のなかから、「生理的欲求」「安全の欲求」「所属と愛の欲求」「承認の欲求」「自己実現の欲求」「知ること、理解する願望」「審美的欲求」を重視し、これらの基本的欲求によって動機付けられるが、低次の欲求が充足されると、より高次の欲求によって動機付けられるようになるとした。

ハーズバーグ：衛生要因と動機付け要因

　多くの面接調査に基づいて、仕事で特に気持ちがよかったことと消極的になったことを尋ね、その理由や背景を分析し、職務満足につながる要因と職務不満をもたらす要因にまとめた結果、例えば、賃金などは際立った職務不満要因であっても際立った職務満足要因とはならないことが明らかになり、同一の要因が満足不満足の両面で効果を持つであろうという常識が覆された。

　不十分だと意欲の低下をもたらすが、十分になったとしてもあまり意

欲の向上をもたらさない不満要因を「衛生要因」と名付け、これには企業の政策・作業条件・給与・対人関係・身分保障などを特定した。また、逆に不十分でもさほど意欲の低下をもたらさず、十分になれば意欲が高まる満足要因を「動機付け要因」と名付け、それにはやりがい・達成感・専門的成長・承認などがあるとした。それまで動機付けにつながると考えられていた多くの要因が予防的な衛生要因にすぎず、仕事そのものがもたらす達成感や承認が動機付けの重要な要因であることを指摘し、職務充実を図る必要性を強調した。

マグレガー：Ｘ理論、Ｙ理論

　マズローの欲求段階説をベースに、Ｙ理論と呼ばれる人間理解に立った管理の必要性を訴えた。彼は従来の管理理論のベースにある、「仕事はしたくないものと思っている」「強制されなければ十分な力を発揮しない」「責任を避け安全でいることを望むものだ」という人間観をＸ理論と呼んだ。このような人間観に立つ管理手法が効果を持ったのは、低次の欲求段階を満たせばよかった過去の職場であって、一定の生活水準に達し労働条件への配慮が進むなかでは、新しく自己実現の欲求に基づく自律的で内在的な動機付けに訴える人間観が必要であるとし、それをＹ理論と呼んだ。

　Ｙ理論では、「仕事するのは人間の本性であり、条件次第で仕事は満足をもたらすものにもなり、進んで引き受けた目標のためには意欲的に働き、それを牽引する報酬の最大のものは承認や自己実現の欲求を満たすことで、そのようななかでは野心的に進んで責任を引き受けるようになる」としている。また、創意工夫をして問題を解決する能力は多くの人に備わっているにもかかわらず、現代では十分に活用されていないとの認識に立って、新しい管理手法を求めた。具体的には、目標による管理、業績評定、スキャロン・プラン、参加、リーダーシップなど現代につながる様々な手法を議論した。そのためには、組織目標と個人の自己実現の欲求を調和させる必要があるとし、後にバーナードが有効と能率を提唱するベースともなった。

∞ 第2節　意思決定 ∞

　リーダーは、仕事の目標を定めるときだけでなく、普段から様々な形で決定を下している。決定を下すことでチームの仕事の方向付けをしているのである。的確な方向付けができて初めて、真のリーダーシップが発揮されるのである。

♣問題解決から意思決定へ

　第4章第5節「問題解決」では、仕事における課題を解決していくという面からリーダーの仕事をみてきた。一般に、問題の解決というとき、解決する方法が一つだけ見つかるかのような印象を与えかねないが、現実には完全な解決策は見つからず、幾つかの方策が考えられるにすぎない。そのなかで、実行に移すものを選択する「意思決定」の必要が出てくる。また、目標設定若しくは取り組むべき問題の特定といった最初の段階でも、これしかないという状況は少なく、リーダーとして意思決定をして、目標なり問題を選択しなければならない。

　問題の設定や現状分析などがしっかりしていないと、意思決定をしようにもそのよって立つところが脆弱であったり、意思決定をしたときはそうだと思っていたのが、後で事態が進むと違っていたりすることがある。よりよい意思決定ができる状況を作る取組の重要性は当然のことである。「達成すべき目標は何か」という目標設定と、「どのように対処するのか」という対応策を最終的に決定するのは、リーダー自身である。それゆえ責任と権限を持って仕事をとりまとめているのである。意思決定は、リーダーシップを発揮する最も重要な局面の一つなのである。

以下では、意思決定をする際に考慮すべき点を考えていく。

♣時間感覚を大事に

「物事には旬がある」ともいわれるように、「いつ」足を踏み出すかが重要な要素となる。

企業では、競争相手がいることもあって、遅れをとることは致命的であり、意思決定の速さは重要なものとの認識は強い。これに対し、実質上公共部門を独占している行政機関では、この種の競争原理は働いてこなかったため、確実性を重視してどうしても意思決定が遅くなる傾向があった。もっとも、民営化や独立行政法人の発想は、この種の競争原理若しくは感覚の導入を目指したものであり、自治体も横並び重視から抜け出そうとしているなかでは、意思決定の速さについての認識も変わりつつあるかもしれない。

何もしないことも意思決定

行政に対する信頼性・確実性の要請は依然高いものがあり、「慎重な上にも慎重な検討を重ね」決断する姿勢も否定できるものではない。ろくな検討もせず、時流に合わせて意思決定をしたものの、しばらくして時流が変われば、ほとんど見向きもされなくなったというのでは許されない。逆に、「慎重に検討します」という言葉が、役所では「やりません」ということと同義であると揶揄されるように、慎重な検討を重ねることを口実に意思決定を後送りしてはならない。意思決定を「今しない」ということも、「しない」という意思決定をしていることなのである。

素早く意思決定をすることと、少し遅れようとも慎重な検討をもっと重ねて意思決定を後ですることの得失をよく読んで、「いつ」意思決定をするか判断しなければならない。

意思決定の予測

第4章第2節「管理の過程」で述べたように、リーダーが責任を持つ仕事の流れを時間管理の意識を持ちながら計画的に把握して進めることで、いつ仕事の節目がくるかを予測できるようになる。また、計画と実施との乖離(かい り)をモニタリングするということも、「計画どおりにいかないな」という徴候が出てきた段階で、いつ調整に乗り出し対応策を講じるかの予測がおおよそできるものである。

このように、普段から仕事の動きを捉えておき、「いつどんな問題が生じそうか」を常に考えておくことで、意思決定への心構えができる。「突然、事態の重大さに気がついて、大慌てで情報を収集し、分析をさせ、対応策を決めなくてはいけない」という状態は、自然災害などに対する危機管理の場合に限るようにしなければならない。いつもいつも危機的状況が来たようにリーダーが振る舞っていては、とても的確な意思決定などおぼつかない。

リーダーが「意思決定のとき」を読むだけでなく、部下にも意思決定のときを読ませるようにすることが大切である。現実には、リーダーが仕事のすべてを把握できるわけではない。部下から相談されたり、意見を求められて初めて気がつく問題もある。その際、「うちのリーダーは、この手の問題にはどのくらい時間をかけて答えを出してくれるか」について部下から読まれた方がよい。もっとも、いざとなれば短時間でもしっかりと意思決定を下してくれるという信頼感も持たせるようにしておかなければならないが。

どのレベルでの意思決定なのか

係長や課長それぞれに、自分の責任の範囲で下せる意思決定もあろう。しかし、さらに上司の了解も得る必要のある意思決定も多い。日

常的には、原義書を回して決裁をうかがう形の意思決定も、新しい判断については事前に上司の理解を求めておくのが普通であろう。

　一般に、上での意思決定も必要とするような問題には、早めに対応してリーダーのところで意思決定を下すようにする。上司が判断するのに必要な情報も十分に用意せずに意思決定を求めることは、リーダーとして無能さをさらけ出しているように感じるかもしれない。しかし、石橋を叩いて渡るほど、慎重かつ細大漏らさず情報を集めて検討しているうちに時間が迫って、挙げ句にリーダーの判断が上司によって覆されて、再検討を求められた日には、それまでついてきた部下の信頼を失いかねない。

　さきに述べたように、通常、何を意思決定すべきかは事前に予測できるはずである。これは大きな問題で上の判断を仰がなくてはならないなと思ったら、事前に上司と相談をして感触を得ておくようにすべきなのである。逆に上司の立場になれば、突然大きな問題を突きつけられて、「慎重に検討したこともあって時間がないのです。御決断を」と言われては怒りたくもなるではないか。

　事柄の性質にもよるが、大きな問題については特に、後からの対応が可能なように素早く進め、早い段階で上司にも打診しておくことが大切である。といって、上司におもねった意思決定をすべきというのではない。より現場の状況も押さえているリーダーとして、時に上司の意向と異なる意思決定を行い、了解を求めることがあってもよいが、組織全体の流れを押さえた対応が求められるのである。

時期の判断

　「しっかりした状況分析と対応策の検討」という時間のかかる要素と、「時を得た意思決定の時期」という時間を限る要素という相反する要請のバランスの上で意思決定の時期は決められる。

これまで幾つかの状況や心構えを挙げてきたが、現実には、リーダーとして総合的に判断して意思決定を行っていくことになる。ここで総合的な判断とは、「時を得た意思決定をするため、与えられた時間を有効に使って最大限の分析・検討をする」という心構えに立ったものである。

意思決定に当たって、もちろん拙速は許されない。しかし、単に「もっと事態をはっきりさせたい」といって意思決定を待つのではなく、「この状況で意思決定するより、もっと事態をはっきりさせて意思決定する方が得策である」という意思決定を行って、拙速を食い止めるべきである。

「予算がない」「人がいない」「検討が足らない」などを理由に引き延ばしたり、できない理由を挙げるだけの対応の説得力はなくなってきている。真っ向から課題に取り組む必要があるのである。今や、行政として重大な問題に早めに手を打てなかったことが指弾される時代なのである。

♣冷静な判断のために

的確な意思決定については、これまで述べてきたようにそれを下す時期が重要なポイントである。ここでは、最良の選択肢を選ぶような意思決定のためのポイントを考える。

十分な準備の上に

意思決定をするべき事柄をめぐる状況についてまず正しく認識することが出発点となる。さきに述べたように事前に意思決定を予測して、情報収集やその検討を進めておくことが大切である。そのためには、普段から上司や部下、関係部局から情報や意見が入るような関係を構築しておくことが望まれる。

情報をいかに集めて全体像を構築し、さらに解決策を考えていくかについては、第4章第5節「問題解決」に譲るが、限られた時間で十分な検討ができるように工夫することが特に大事である。可能性があまりない選択肢も含めて洗い出し、検討を同じように加えていては、いくら時間があっても足らない。リーダーとして、大局的な観点から検討する範囲を検討の進行状況に応じて決めていく。また、優先度を示していくことも必要となる。

孤立しない

リーダーとして、自分が下した意思決定には責任を持たなければならない。しかし、このことを重く考え過ぎて、1人で抱え込んだり、悩み込んだりしないことである。最後に自分なりの意思決定を下すにしても、その前に一緒に対応策を検討してきた部下の意見を聴いたり、上司に相談して意向を確かめるなどすることが大切である。

自信を持つ

リーダーが下した意思決定には、部下は従うことを求められる。従う立場からすれば、リーダーが自信を持って最良の意思決定をしたと胸を張ってもらってこそ、安心して意思決定に従って動けるというものである。あまり自信はないのだが、仕方なく決めたという態度をとったり、状況もほとんど変わらないのにすぐ前の意思決定を覆したり、上司の前でしっかり説明できなかったりするようでは、とても部下はついてこない。

意思決定を下した以上、自信を持って臨み、その結果の責任を持つという姿勢を周囲に示すことが大事である。

♣意思決定のレベルを上げるために

　意思決定に当たっての状況が、大きく変わらなければ、以前行った意思決定とその結果を参考にして意思決定を下すことができる。その限りで、経験が豊かなリーダーほど、自らの経験とその結果から類推して的確な意思決定を下すことができる。

　ところが、意思決定を下す状況が大きく変化し、同じことをしても全く異なる結果が生じかねないような状況では、経験をベースにした類推にも限界がみえてくる。意思決定に基づく働きかけがどのような結果をもたらすのかについて、予測する手助けとなるような幾つかの方法なども参考にして新しい事態に対応することも大切である。

　しかし、突然「こんな分析方法がある」とか、「こんなアプローチがある」とか言い出して、すぐ意思決定に採用しようとすることは危険である。現実とのすり合わせを大きな問題が生じる前から行いながら、種々の手法のうちから使いこなせるものを見つけていけばよい。

　そして、ここでも最後はリーダー自身が下す判断こそを大事にしなければならない。どんなに綺麗に予測が出てきても、それはあくまで、他人の意見と同じ意味で、役に立つが従ってよいとの保証は誰もしてくれないのである。感情に流されないクールな意見を示してくれる相談相手が見つかったと考えればよいだろう。

意思決定に役立つ幾つかの手法

デシジョン・ツリー
　　意思決定に当たって、選択肢の階層をツリー上に構造化したもの。通常、それぞれの分岐点における選択に、起こり得ると考えられる確率と、意思決定のベースとなる尺度で測った選択に伴う値が対応付けられ、期待値を計算することで最適の選択を見つけることができる。

組織における意思決定に当たっては、現実の世界、それも未来について確率という程度を示す要素を持ち込みながらも、ある選択をしたときの結果を数値的に想定するわけで、意思決定の枠組みを与え、その結果について影響のほどを様々な選択と比較できる形で示唆してくれるツールとして用いられる。

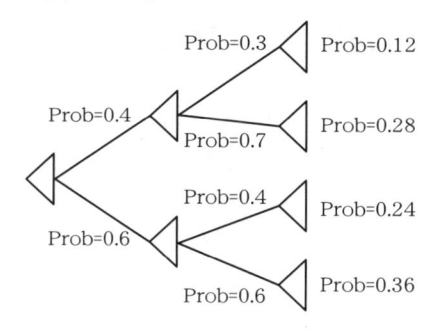

```
              Prob=0.3   Prob=0.12
       Prob=0.4 ◁
                Prob=0.7   Prob=0.28
    ◁
                Prob=0.4   Prob=0.24
       Prob=0.6 ◁
                Prob=0.6   Prob=0.36
```

シナリオ・ライティング

　将来に起こり得るシナリオを、意思決定のために記述することで、見落としがちな大きな変化、対応を誤ると取り返しがつかなくなるような状況についての識別能力を組織としても高めていこうとするもの。デシジョン・ツリーと異なり、提示されるシナリオについて、その起こる確率は持ち込まず、同等として検討することで、「見たくないものを見ない」状態にならないよう工夫をしている。ロイヤル・ダッチ・シェルで活用され、有名となった。

システム工学的アプローチ

　システム工学は、システムを規定する様々な変数を捉え、その情報をフィードバックしながらシステムの動きを調整することで、システムをコントロールする方法を研究する学問である。生産ロボットなどの制御をはじめとして、自動化の進展とともに広い範囲で活用されている。組織の問題も、組織をシステムとして捉え、問題によってはシステムを規定する変数がある程度数値によって表現できるとき、システム工学的アプローチも有効となる。最近では、手軽にパソコン上でシミュレーションもできるようになり、専門家だけのものではなくなったが、システムをどのように捉えるか、システムを規定する重要な

変数をどう捉えるかといった、システムの認識の適否が重要であることには変わりはない。

特性要因図

　その形状から「魚の骨特性図」とも呼ばれる、問題となる状況に関連する要因ごとに、様々な情報を整理して構造的な因果関係を把握しようとする手法。品質管理において、不良となる原因を追及して改善策を見いだすためのツールとして考えられた。因果関係の把握という意味では、品質管理に限らず様々な問題解決にも利用できる。

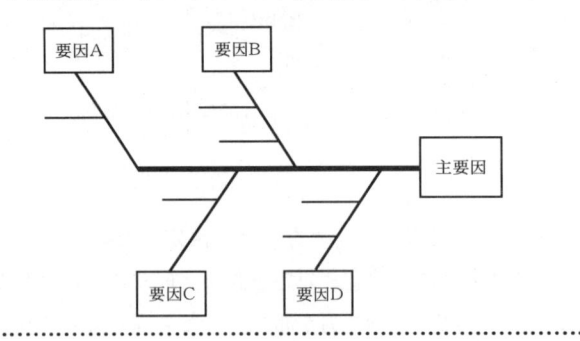

♣危機管理の心構え

　「危機管理」といえば災害をまず第一に思い浮かべるであろう。ここでは、もっと広く考えて、「危機的状況」とは、対策を講じなければ事態が急速に悪化して取り返しがつかなくなる状況を意味することにする。天災は避け得ないにしても、事故やその他人為的な原因で危機的状況になる場合については、まずそのような事態になる前に対処すること－予防的措置－が重要となる。

♣予防のために

　予防について、管理の過程に即して考えるならば、まず第一は計画段階での予測である。

計画段階が大事

　目標を達成するために、計画を考えるために、往々にして目標に貢献する良い面のみを取り上げて考える傾向がある。しかし、この段階で負の影響はないかということを十分検討しておくことも重要である。この検討を怠って計画を実施に移し、既に動き始めたものであることにとらわれて、「走り出した機関車は止まらない」状態になっては取り返しがつかない。なんとかうまく実施するために必死の努力をして、生じる問題を（対症療法的に）しっかり押さえれば押さえるほど、突然危機的状況に飛び込むことになるというアイロニーも生まれ得る。そこまで悪条件が重なることは少ないにしても、計画の段階で根本的な問題点はしっかり洗い出して、実施に移して大丈夫かどうかしっかり検討しておかなければならない。そして実施に移す場合には、問題がなるべく生じないように手立てを打つとともに、問題が生じた場合の対応もあらかじめ考えておくことが重要となる。

早期発見

　癌の予防ではないが、組織における危機的状況についても早期発見こそが最良の対策の一つなのである。実施段階でのモニタリングがその中心となるが、その前にしっかりした仕事の管理、仕事の割当て、部下の掌握などに手を尽くしておくことが前提である。
　また、問題の芽は現場にあることが多く、そこに一番近い部下がその状況をしっかり報告できるよう、普段からリーダーに気軽に相談しやすい雰囲気をつくることも大事である。受け取るリーダーも細々したことに振り回されてはいけないが、些細なところに大きな問題の芽が潜んでいることに心して注視していく必要がある。計画段階でのしっかりした検討に基づく全体像の把握と、仕事の流れを大きくつかん

で、大きな問題の芽を早く見つけることが大切である。

　注意しなければならないのは、しっかり計画段階で詰めたから、実施の体制も万全を尽くしたから、という思いを強くし過ぎないことである。自然と「だからめったなことでは問題は起こるはずがない」という態度になり、部下からも都合の悪い報告は上がりにくくなり、上がったとしても無視する結果になりかねない。「人は見たくないものは見ない」そうであるから。

早期の対応

　重大な問題が発生する予兆は、普通一つとは限らず複数発生するものである。ましてや、危機的状況が近づけば近づくほど、幾つかの問題が同時に発生しやすくなる。対応の余裕が少ない状況で、「どの問題の解決に優先的に取り組むべきか」「なぜ問題が起きたのか」という理由を想定しつつ対応する必要がある。

　目の前に幾つかの小さな火が燃え上がり、離れた爆発物の近くに火が見えたとき、まず近くの火から消していては危険なのである。間に合うなら爆発物の近くの火を消すべきであり、間に合わないと踏めば、みんなを率いて遠くへ逃げなければならない。組織では大きな問題に発展しそうな場合は、現場に近いリーダーが1人で抱え込まず、なるべく早く上司や関係部局に伝え、相談することも必要である。状況を冷静に伝え、状況認識を合わせて協力して対応策を講じることができるようにする。

　緊急であればあるほど、対応への余裕がなく、かといって目の前の問題の対応に追われているうちに、大変な事態に発展する可能性もある。というように、相反する要請がここにも起こり得る。予防が強調される理由はここにもある。

♣危機対応体制

　予防策を講じ、早期発見に努めても、起こってしまった危機的状況には敏速に対応しなければならない。防災体制については、各自治体でもしっかり組まれていることであろうが、普段の業務でも危機的状況に対応し得る最低限の体制を日常からしっかり整えてことが大切である。そのために、最低限仕事の分担を明確にしておくこと、上司や外部を含めて連絡体制を整えておくようにする。また、いざ危機的状況に直面したときには、次のようなポイントを押さえながら対応することが望まれる。

①迅速かつ正確な情報把握

　　現場を掌握しているのは係長などのリーダーである。危機的状況における誤った情報は、1人歩きして思わぬ落とし穴となりかねない。本当に起こっているのは何か。ともかく早くつかんで状況を報告できるようにすることである。

②早期の報告

　　何はともあれ、上司や外部への報告をすることである。ただし、あやふやな推測や誤った情報は伝えてはならない。そして、頻繁に報告・相談して、指示を仰ぐようにする。

③現場対応も行う

　　連絡がつかない、相談や指示を仰ぐ余裕さえない、という状況では、必要ならば現場の責任において対応をすることである。事務的な現場では、そのような局面は少ないにしても、例えば人道的に必要と判断するならば動くべきである。

④冷静に対処する

　　危機的状況では、とかく浮き足立ちかねない。全体の状況が分からないと不安になってしまう、こんなはずではと混乱してしま

うなど、冷静さを失いかねない。冷静さを取り戻して上に挙げたような対応に心がけることである。

「逆境に立たされると、その人の真価が分かる」といわれる。正に、危機的状況への対応は、その典型である。普段からの仕事への取組、人間関係、ひいては個人の価値観も含めて問われることになる。誰も進んでこのような状況下で問われたくはないが、問われても大丈夫なようにしておこう。

第6章　コミュニケーション

　コミュニケーションの話は、至るところで出てくる。組織においては、コミュニケーションにより連携して協働できるのである。一方、何をコミュニケートするのかという観点からは、情報が浮かび上がってくる。人をつなぐコミュニケーションの側面と情報の側面とに分けてみていこう。

∞　第1節　情報の活用　∞

　人に対する働きかけはコミュニケーションを通してであり、そこで伝えられる内容を「情報」と呼ぶなら、組織での仕事は、情報をベースに動いているとみることができる。ここでは、いかに情報を活用して、仕事の遂行に役立てていくかを考えてみる。

♣コミュニケーションから

　情報が入ってくるのは、コミュニケーションを通してである。管理監督者として、どのようなコミュニケーションチャンネルを持っているか、どのように情報は入ってくるのかを振り返ってみよう。

ネットワークに生きる
　仕事上の話をする相手を考えれば、上司・部下・関係部局の人々がまず浮かぶであろう。組織におけるオフィシャルなコミュニケーションチャンネルである。仕事柄、公務員は朝来てまず新聞に目を通すこ

第6章 コミュニケーション

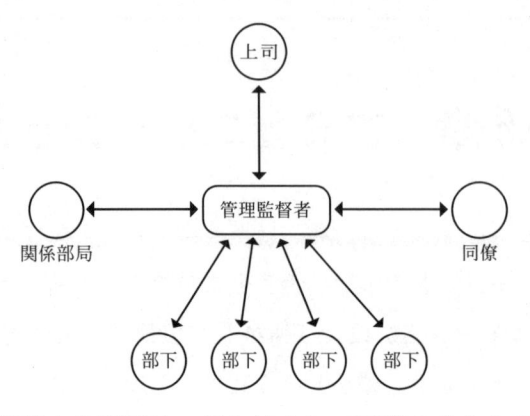

```
           上司
            ↑
            ↓
関係部局 ← 管理監督者 → 同僚
         ↗  ↑  ↑  ↖
        部下 部下 部下 部下
```

とが多い。関係する記事は、切り抜かれて回覧さえされる。直接的な会話のキャッチボールはできないが情報が入ってくる、若しくは情報を取り入れるという意味で、ここにも一つの外部とのコミュニケーションのチャンネルがある。もっとオフィシャルなものには、審議会や委員会・モニター・広報誌など、自治体として地域の情報を取り入れたり発信するための様々なチャンネルがある。担当者として出席することもあるだろうし、報告が回ってくることもあるであろう。

　一方、インフォーマルな（仕事が目的でない）チャンネルとしては、同僚や友達などとの関係、家族や地域での関係（小さな自治体の場合、地域での関係はフォーマルと区別がつきにくい）、その他テレビ・ラジオ・書籍・雑誌など生活に関連したコミュニケーションチャンネルを持っているはずである。ここでは、オフィシャルなコミュニケーションチャンネルを中心に考えるが、インフォーマルなチャンネルから入る情報も、社会の動きや変化を知るためにも重要である。よき役人になるには、よき生活者であることが前提であるから。

　管理監督者ともなれば、組織において上も下も横もいるという位置になる。ピラミッド型の組織では、かなりの数の部下を率いるため、下とのチャンネルが多くなるのが普通であるが、最近は部下の少ない管理監督者も増え、組織自体も、ピラミッド型から変化しつつある。

むしろ、組織というネットワークのなかで、コミュニケーションチャンネルから栄養をもらいながら（同時に与えながら）生きているのが管理監督者であるとみることもできよう。

情報センターとして

　部下にとっては、上司たる管理監督者からの情報（時に指示や命令）を、重視することになる。一方、管理監督者にとっても、部下は現場の情報を与えてくれる重要な情報源なのである。そして、管理監督者の上司にとっては、管理監督者は現場の情報を集約して伝えてくれるよき情報源である。

　このように、管理監督者は、下からの情報（現場の実情）を集約して上に伝えていく。上からの情報（指示・目標など）を自らの率いる組織単位に合わせて翻訳して下に伝えるという機能を果たしている。これに加えて、関係部局との連絡・調整もあり、ネットワークの結節点として「情報センター」になっている。管理監督者が情報に対する扱いを誤れば、組織における情報の流れが大きく滞ったりしかねない。逆に情報センターとしての機能を十全に果たせば、効率的かつ的確な意思決定を促し、組織の目標達成に貢献することにもなる。

　組織における情報の流れの大事な部分を担っている管理監督者が、どのように情報を扱っていくべきかについて考えていこう。

♣情報の収集

まずは現場から

　ホームズではないが、まず現場の情報が一番貴重である。同時に、重要なこともあるかもしれないが、雑多で何を示しているのか読めないことも多い。必要な情報を選びださなくてはいけない。いずれにせよ、情報を集める上で、扱う上で、フィルターを通す（ふるいをかけ

る）必要がある。

普通、事実に基づく現場からの情報を「一次情報」といい、他から入ってきた情報をまとめて別の情報に加工されたものを「二次情報」という。その意味で、管理監督者としては、一次情報を大事にして、的確な二次情報を引き出すようにしなければならない。

目的を考えながら

身近な自治体の、大事な事業であるゴミ処理を考えても、最近はゴミ収集といえば、分別することになってきている。分別することで、ゴミの特性に合わせた処理が容易になってくる。

このように情報の収集を考えるときも、ただ集めればよいというものではない。ゴミのように分別の基準があったりするわけではないが、次の段階の処理、つまり情報の分析・統合のことを考えて、情報の収集に当たる必要がある。「情報収集だよ」と称して席を外すこともあるように、いろいろな所を回って話をしてくることも大事である。周囲に対するコミュニケーションチャンネルも開いておかなければならない。しかし、何らかの目的を持って話している場合と、ただ雑談をしているのとでは違う。「ともかく何でもよいから集めて、後で整理すればよいではないか」と考えがちであるが、それでは無駄が多く、かつ、その努力が報われない危険もある。

大事な情報は思わぬところにもあるが、問題意識を持っていて初めて見つけられるものである。少なくとも、誰でも「大事だ、大変だ」ということが分かる情報は集めなくてもすぐ広まる。普通なら見過ごす情報のなかに、大事な意味を持っているものがあるから集めるのである。「りんごが落ちるのを見てひらめいた」というニュートンの話も、彼が一瞬にして自然の真理を見抜く天才だったからというより、万有引力について必死に考え悩んでいたからであろう。「見つける努

力をするから見つかる」のである。

仮説を意識し、仮説にこだわらず

目的意識をしっかり持って情報を集めることに加え、集めた後の分析・統合を意識しながら集めるようにする。集める際に「こうなるはずだ」「こうかもしれない」という仮説を持つことで、一つの情報が手に入れば、次にどんな情報があるはずだという見通しが立てられる。同時に「おやっ」と思わせる仮説に反するような情報にも気づきやすくなる。

注意しなければならないのは、一つの仮説に肩入れしてしまうことである。「見たいものしか見ない」状態になっては、いくら仮説を支持する情報ばかりだといって安心はできない。管理監督者として、部下に命じて収集に当たらせる以上、「何のための」と同時に「こうなるはずだと思うが」という予測を持つのが普通であろう。それを「こうでなければならない」という強い思い込みを示してしまうと、部下もそれに反する情報は上げにくくなる。極端な場合には見て見ない振りをする危険がある。ところが、思わぬ事実こそ価値があることが多い（p.177「情報量」参照）。管理監督者は、思わぬ事実を評価し、大事にする姿勢を示すことが大切である。

事実は事実、推測は推測として

「事実と推測は違うものである」このことを頭では理解していても、実際には混同して扱いかねないものである。ある人から話を聞いても、聞いた内容がすべて事実に基づくとは限らない。人は「こうなってほしい」という希望的推測も含めて話を構築しがちである。特に、意見や推測をあたかも事実であるかのように述べた情報には気をつける必要がある。

厳格さが求められる状況では、事実の裏をとるというようなことも必要となる。いずれにせよ、事実は事実として、推測は推測として、意見は意見として扱うことが重要である。そのためにも、管理監督者は、集まる情報のなかから事実と推測や意見を峻別していかなければならない。

情報はナマものである

「＊＊さん、あの話は本当かね。昨日課長と話したときはそんなはずはないと言われたのだが…」

「ええ、本当ですよ。1年ほど前の話ですけど」

というのでは話にならない。これは極端としても、「どの時点での情報なのか」をはっきりさせておくことが重要となる。第1部でも述べたように仕事をめぐる環境が急速に変わっていくなかで、情報の鮮度はより重要な要素となってきている。もっとも、「噂は万里を走る」といわれるように、新しい情報のなかには当てにしてはいけないものも多く入ってくる危険がある。事実であることの確実さ（確度）もしっかり評価して扱わなければならない。管理監督者は、より鮮度と確度の高い情報を集めるように心がけることが大事である。

見たくないものを見る

自分にとって耳の痛い情報が入ってくることは、管理監督者の持つコミュニケーションチャンネルが機能していることの証でもある。

例えば、裸の事実以外何ものでもなさそうな統計的な話でも、「耳の痛い」情報を隠す危険はある。「100名調査した結果、平均は50です」と報告を受けたとき、どのような状況を想起するだろうか。一般には図1のようなものであろう。しかし、図2のようにいろいろな可能性があるのである。度数分布（「ヒストグラム」とも呼ばれる）を押さ

第1節　情報の活用

えれば大丈夫だろうか。「100名の年間所得分布」として、図3と図4は、まったく同じ度数分布でありながら、平均には大きな違いがある。度数を集計する目盛りを見れば、最後の「以上」の度数のところで違いがあるのである。このように何億もの所得がある人（特異値とも呼ばれる）が入っていれば、その集団全体の平均に影響するのは当然であろう。平均がこのように特異な値に影響されやすいことも頭の片隅に入れておきたい。同様に、二つ以上の変数がある場合は、変数の値を縦軸と横軸にとった「散布図」と呼ばれるもので全体状況をみておくことが大事なのである。

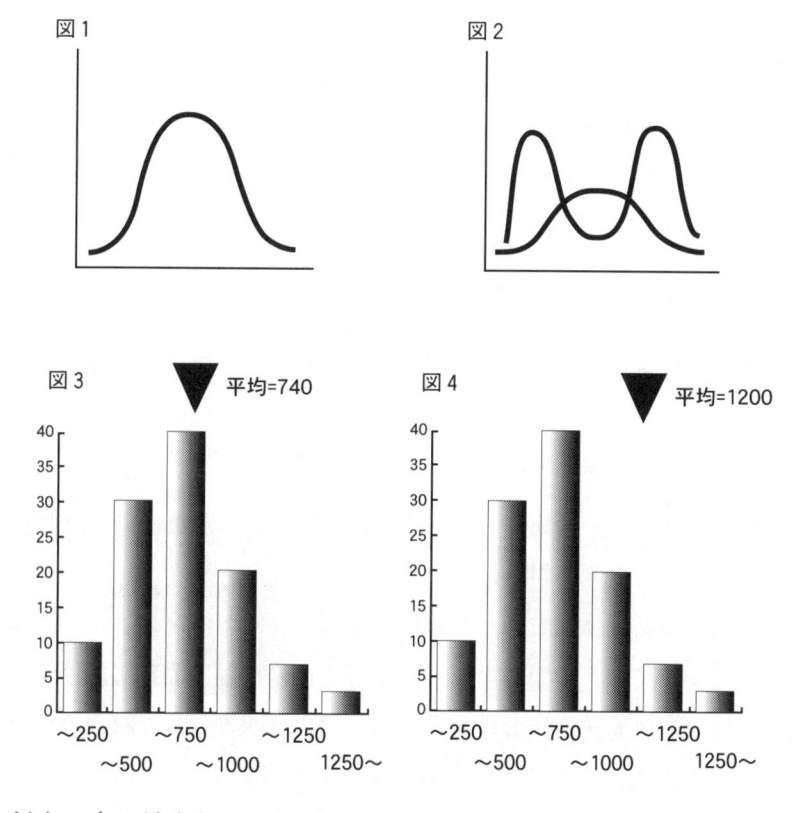

図1

図2

図3　平均=740

図4　平均=1200

以上、少し長くなったが、

　①数字だとか統計だと言われて無条件に信じ込まないこと

②全体像をイメージとして持つこと

という直接的な教訓もある一方、特異な、または異質な情報というのは、いかに隠れやすいかということである。さきに挙げた（仮説に対する）思い込みや固定観念など、新しく目を開かせてくれるような異質な情報をみるのを妨げるものに事欠かない。

　自治体のような大きな階層構造の組織では、今まで流れていた情報は効率的に上へ周囲へと伝達されるが、今までにない情報の伝達には適さないといわれる。むしろ、「余計なものは扱わない」と拒否しかねない体質がある。これが、大企業では多くの人と投資をしながらも、むしろベンチャー企業のような小集団などの方が、より新しい発想が生まれやすいという要素の一つでもある。

　管理監督者には、以上のような「見たくないものは見ない」状況になる種々の要素を意識して「見たくないものを見る」状況にしていく努力が求められる。

♣情報の分析・統合

　情報の収集で押さえるべき点は、正に情報の分析を的確に行うためのポイントになる。

①何のための分析なのかを考えながら
②（統合により構成される）全体像を意識し、全体像にこだわらず
③時間的な要素を組み込んで
④結果は結果としてしっかり検討する

　これまでにも、問題解決における解決策の検討、改革における改革案の検討、意思決定における手法などで、情報の分析・統合のためのポイントや手法をみてきている（第4・5章参照）。その他にも、対象とするテーマをより特化すればそれなりの分析・統合の手法もある。

　ここでは、手法の話ではなく、すべての手法に共通して統合の際に

気をつけておくべきことを指摘しておく。

決めつけない

情報を統合すればするほど、細かいところは落とさざるを得ない。その落とした細部が復讐する可能性があることを忘れてはいけない。

そもそも情報には不確実な要素が入っているものであり、いくら分析・統合で確実なところを押さえていても、状況が変われば結果も変わる。若干の状況変化では大丈夫であると、一度まとめた結論にしがみついていたり、結論も若干の手直しで済むとして対応することには危険がある。うまくいかないときは、早めに最初まで戻って収集・分析・統合を振り返る必要がある。

常識に照らす

同じ意味ではないが、特に数値を使って情報を統合した場合、往々にみられる傾向として、細かい数字にまでこだわることである。現実の数値には誤差がつきものである。コンピュータで扱うこと自体がある程度現実的なところで丸めた数値で扱っているわけで、計算手順の間違いはほとんどないが、結果が常に信頼できるとは限らないのである。信頼度の分析や誤差の評価といったことまでは踏み込まないまでも、数値をみて無条件に信じ込んだりせず、常識的におかしなレベルを示す数値でないかチェックが必要である。

いつでも、どんなことにもうまくいく分析・統合の方法はあり得ない。

①当てにならない部分があること
②特定の状況では全く違った結論になり得ること
は覚悟の上で、常識に照らして考える必要がある。

現場での検証

情報の収集でも、現場が一番貴重な情報源であった。分析・統合の結果を検証するのも可能ならば現場で行うべきである。これまでに挙げた「決めつけない」「常識に照らす」といったことも、現場へのフィードバックを加えることで自然にできるようになるのである。

♣情報の共有

組織が、多くの人が協働する場であるためには、人々のコミュニケーションが不可欠である。さらに、仕事を進めるという点では、仕事に関する情報の共有が必要となる。

管理監督者であるリーダーの働きの一つとして「目標を示す」ことがあるが、このことも目標という情報の共有がその出発点となる。リーダーの働きはさらに部下の動機付けにつなげていくわけであるが、そのインフラ（基盤）なのである。管理監督者として、どのようなポイントを押さえて情報インフラの整備を図るべきかをみていこう。

情報を抱え込まない

管理監督者には、仕事を進めるなかで部下の協力も得て集めた情報や、分析をさせて得た結果などが集まってくる。これらの情報を、上司や周囲を意識して、流しているだけでは十分活用しているとはいえない。よりよい収集や分析・統合を行うためにも、かかわった部下に対して情報のフィードバックを図る必要がある。自らが下した意思決定についても、肝心の情報はなるべく１人で抱えて、部下についてこいというのでは済まない。必要な情報は上司も配慮して流してくれているという状況で初めて、部下も自ら判断して、大事な情報を上司にいち早く上げようとするのである。

第1節　情報の活用

　もっとも、課長クラスにもなると人事や予算の話に責任を負うようになる。これら組織管理上の情報の取扱いには注意を要する。関係者とはいえ、周囲に漏らすと広がってしまう危険がないとはいえない。人を見つつ対応することが必要である。しかし、「責任を任せた」と言いながら、関連する情報を流すことをしないと、仕事を任せたことにならず、逆効果を生みかねない。信頼して流す情報の重さを信じて使うことである。

活用できる管理を

　情報の共有の最大の目的は情報の活用にある。収集や分析・統合というコストをかけた情報について、どこに何があるかを必要なときに手軽に引き出せず、また一から始めるのでは意味がない。大きなプロジェクトのような組織横断的な仕事や、長期間継続していく仕事などでは、情報管理が特に重要となる（第2章第3節「組織としての取組と発信」参照）。

　管理監督者としては、自分のチームが責任を持つ仕事に関する情報の管理を、部下に命じてしっかり行わせることが重要となる。その際、属人的な情報管理とならないよう注意し、「誰に聞けば分かる」でなく「どこに聞けば分かる」ようにする。

引き継ぎ

　特別な専門家でない限り、ある程度の異動は必至である。後任にくる管理監督者に対する引き継ぎも、一つの情報の共有の問題である。引き継ぎのため、丁寧に引き継ぎ文書を作成している人もいるが、普通「引き継ぎ」と称して、ある程度の時間をかけてチームの状況や懸案、将来の課題などを話すことが多い。もちろん、前からの懸案などは少ないに越したことはない。前任者が残した書類の山についても同じである。チ

ームで管理している情報や、自分が前任者などから引き継ぎながらも見なかった書類などは引き継ぎ前に処分しておくことである。

管理監督者は、日ごろから身軽にしていればこそ、肝心の問題意識を伝え、情報の活用の仕方を伝えやすくなるのである。

♣情報の発信

管理監督者の、情報センターとしての積極的な機能の一つが、情報の発信である。日常的にも、上司への報告、企画書の提出、外部からの質問への回答など、様々な形での情報発信がなされている。事実を列挙して示すことが、また、右から入った情報を左へと流すことが、情報の発信ではない。そこには何かを伝えたいという目的があって初めて情報の発信といえる。したがって、情報の発信で、伝えたいメッセージを明確に、かつ、有効に伝えるために、以下のようなポイントを押さえるようにする。

相手を考える

コミュニケーションの基本でもあるが、相手があってのコミュニケーションである。全く聞く気がない人に、いくら話をしてもうまくいかない。相手が何を知りたいか、どんなことなら関心を持って耳を傾けてくれるかを考えて、情報の発信をする必要がある。そのためには、普段から、発信相手の上司や関係部局の人々、そして自分の部下と接触を保って、お互いよく分かり合える素地を作っておくことが大事である。

速やかに

まだ「ペーパーとして詰まっていないから、もう少し時間をかけて」などといって、しっかりしたペーパーと予備資料を準備するのに時間

をかける羽目になったことはないだろうか。ペーパーにするような事柄は、主たるものとそれに関係した様々な情報がベースとなって構成されるのだろうが、主たる事柄を早く伝え、意思決定につなげる必要がある。管理監督者は、事の重要性を判断する必要があるが、組織のなかでの中間に位置する以上、上司による事の重要性の判断を適時仰ぐ必要がある。

　伝えたい事柄にもよるが、情報の発信は基本的に「速やかに」行うべきである。「情報の収集」のところで、「情報はナマものである」と述べたように、旬を捉えて情報は発信しなければならない。

分かりやすく

　相手が、「知りたいから」と言って求められた場合はともかく、上司に対しても、外部に対しても、限られた時間で相手に理解してもらわなければならない。そのため、相手の関心度や理解度を踏まえて、こちらが伝えたいメッセージを分かりやすく示す必要がある。最近は、自筆の代わりにワープロで、数値の代わりにグラフで、白黒の代わりにカラーで、と様々な表現手段が使えるようになってきている。「多くの書体を使い過ぎると読みにくい」「派手な色を使っても内容がないと救いがない」などというように、手段に頼りすぎず、同時に目的に応じて手段を有効に使うようにすることが大切である。

　管理監督者として自らが表現手段にかかわることは少ないかもしれないが、これを積極的に有効に利用したり、提言したりしている部下の能力や取組は見逃さず評価するようにすべきである。

プレゼンテーション

「企画案」といったまとまった内容の説明・主張を、主として視覚的な材料を使いながら説明することであり、会議などの場で多人数を相手に行われる。最近では、コンピュータを使って動きのある視覚的な資料を提示しながら行われることが増え、比較的気軽に準備できるようになってきている。単なる説明に終わるだけでなく、迅速な意思決定や目標、情報の共有のためにも、管理監督者として効果的なプレゼンテーションの活用を図る必要がある。自らが行うプレゼンテーションのみならず、部下や組織が行うものについても、それなりの鑑識眼を養っておくようにしたいものである。

プレゼンテーションというとすぐ視覚的な部分に関心が行きやすいが、まず押さえなければならないのは、「何を訴えようとするのか、何を伝えたいのか」という目的であり、そして「訴える内容をしっかりしたものにする」ことである。その際、聞き手の関心についても押さえておくようにする。その上で、時間的制約も頭に入れながら、全体の構成を固めていく。プレゼンテーションをする側は詳しく知っていることから、往々に、時間に比べて多くの内容を詰め込もうとする傾向があるので、極力簡潔にまとめるよう気をつける。実際のプレゼンテーションに当たって留意すべき点としては、以下のようなものがある。

①簡潔な表現にする

スライドなどを映写するときに細かい文字がびっしり詰まっているのを見かけることがあるが、手元に文書を配付するのでない限り読まれるものではない。ポイントを押さえた表現にして、必要な説明は文書なり口頭で済ませるようにする。

②視覚に訴える

量を表すための数字や関係を示すための説明は冗長になりやすい。なるべくグラフや矢印などの視覚的な表現を使ってまとめるようにする。

③流れをこわさない

プレゼンテーションで説明する流れとスライドなどの映写が前後しないように準備するのはもちろん、必要ならば「ハンドアウト」と呼

第1節　情報の活用

ばれるスライドの一覧なども配付したり、はじめにプレゼンテーションの流れを説明するなどして全体の流れを把握しやすいように配慮する。
④受け手の立場になる
　その他にも留意すべき点は考えられようが、ともかく一度、プレゼンテーションを受ける立場になって聴いてみるのが効果的である。

情報量

　意味論からのアプローチではなく、様々な事象が起こる確率に基づき計算される期待情報量に着目するとき、情報の伝達により不確定性が減少する量を情報量と呼び、量的な意味での情報処理について情報理論が構築された。もちろん、ここでは意味も含めて情報のことを考えるべきであるが、同質の情報が多く入っても、異質な情報がもたらす情報量＝不確定性の減少の方が大きくなることが多い。仲間内での情報をいくら多く集めても、広がる知識には限界があるが、外の様々な世界の人から情報を集めると、新たな見方や知識が得られるのと同じである。そのことを量的とはいえ情報量の概念でも裏付けられているのである。

第6章　コミュニケーション

∽ 第2節　周囲とのコミュニケーション ∽

　情報の活用を考えてきたなかで、部下や上司、周囲との良好な関係がその基礎となることを随所に指摘してきた。
　仕事上の情報の活用こそが、組織として、管理監督者として、より優先させる課題であるにしても、そのためには自分の周囲とのコミュニケーションの維持こそが不可欠なのである。未来社会として、すべての情報をコンピュータや通信でやりとりする状況を描くものもあるが、最後の受け取り手は人間である。人の要素をしっかり捉えておかなければ、単に便利なものにとどまってしまう。昔を振り返っても、電話・テレビ・ファックスの普及と、次々にコミュニケーションの手段は多様化している。新しい情報通信の話題をいかにうまく活用するかも大事な要素である。
　管理監督者は、仕事で情報を活用するに当たって、人の要素を忘れることなく、新しい状況への対応にも前向きに、バランスをとった取組を指揮していく必要がある。

♣対人能力としてのコミュニケーション

　コミュニケーションとして最も日常的であり、かつ、定型化していないのが人と人の直接的な会話である。人間関係はこのコミュニケーションで保たれているといってもよいくらいである。それ以外のコミュニケーション手段と比べ、人の感性や感情に与える影響は非常に大きい。
　管理監督者の出番は、まずは仕事に関してであるが、1日のかなりの部分を一緒に過ごす部下との関係や、部下同士の関係など、仕事を支える人間関係についても十分な配慮が必要とされる。特に、行政機

関のように、利益という外的尺度もなく、契約のように割り切った仕事の請負という状況も少ない職場では、特にこの人間関係が大きな影響力を持ってくる。

「良い環境で仕事を続けたい」と思うのはみんな同じなのである。

♣コミュニケーションの基本

円滑なコミュニケーションを図るためには、一般に次のようなポイントに留意することが望まれる。

同じ仲間として

職場でのコミュニケーションで特に大事なことだが、相手は同じ組織の、広くは同じ組織目標を追求する仲間である。立場による意見の相違は当然あってよいが、立場や意見の違いにとらわれすぎて、相手は別の世界の人間であるかのように考えることは避けなければならない。

尊重する

コミュニケーションは相互理解が目的である。一方的な押しつけや、相手を無視した言動はコミュニケーションの最大の障壁になる。相手の立場や意見・気持ちを尊重しつつ、コミュニケーションを行うことが必要となる。

分かりやすく

何を伝えたいかをはっきりさせてコミュニケーションに当たらなければならない。特に仕事上の事柄については、整理して分かりやすく伝えることで、お互いの時間もとらず、誤解の危険も減って、気持ちよく協働できるようになる。

時を選んで

　取り込み中のときに、突然込み入った話を持ちかけられると、それも急ぎでないなら、「後にしてくれ」という気持ちになる。心の準備ができないのに、急に決断を求めるような話をされても戸惑うことになる。相手の状況も踏まえつつ、同時に何をこちらが伝えたいのかについて、ある程度予測できるようにするなど、受け入れる素地を準備してコミュニケーションに当たるとよい。

確認する

　「言ったじゃないか」「いや聞いていない」という水掛け論は、お互いに自分中心でコミュニケーションを行った場合に起こる。聞き間違いがしばしばあるのは、誰でも経験することである。仕事上の行き違いは、お互いの時間と手間の損失になるだけでなく、チーム全体、ひいては組織全体の損失にもつながる危険がある。些細なことだからと見過ごすのではなく、自分の伝えたい内容が伝わったのか、確認することが重要である。

　大事な事柄については、別れ際に再度確認したり、後でメモにして示したりするとよい。

状況に応じた工夫

　上に挙げたポイントをどのように活用するかは、コミュニケーションの内容により、相手により、またその場の状況により異なる。仕事上のコミュニケーションでは、より効果的かつ的確に内容が伝わるように、しっかり状況判断をして進める必要がある。

第2節　周囲とのコミュニケーション

♣部下との対話

　管理監督者が責任を持つべき対象の第一は部下である。部下と一緒になって仕事の目標を達成していくことが職務の中心である。したがって、部下とのコミュニケーションを円滑にすることが最大の課題となる。

指示・命令を出す

　部下との関係で、仕事上のコミュニケーションの第一は、指示や命令などである。行政機関のように、かなり定常的な仕事を抱えているところでは、管理監督者の指示がなくても、前任者からの引き継ぎを受けて動いていくこともある。しかし、「管理の過程」（第4章第2節参照）で述べたように、新しい仕事では、目標設定も、仕事の割当ても、実施段階での調整も、最後は管理監督者の責任で指示しなければならないのである。

　指示を与える際のポイントの第一は「必要なときに」指示することである。これまで議論してきたマネージメントやリーダーシップで、部下に働きかけるべき節目で、しっかりと指示を出すようにする。

　第二に、「明確な」指示を出すことである。指示を受ける方が最も困るのは、どちらでもいいような言い方の指示である。また、あやふやな物言いは自信のなさを感じさせるものである。指示を明確にすることで、管理監督者の責任感を伝える効果がある。

　第三は、「相手の受け取り方を考えた」指示を出すことである。管理監督者と部下の関係は、指揮命令関係にあることから、管理監督者の指示は、部下にとって圧迫的に受け取られやすい。指示の内容によっては、他の部下との関係に影響を与えることもある。第5章「リーダーシップ」の「部下を理解して」（p.139参照）で議論した点を踏まえて、指示を出すことが大切である。

第6章　コミュニケーション

報告を受ける

報告が上がってくるのは、普通、部下として何らかの区切りができたとき、あるいは問題や相談事ができたときである。いずれにせよ、報告を受ける側はただ聴くのではなく、その機会を捉えてコミュニケーションをとらなければならない。

報告を受ける際のポイントの第一は、早めに「なぜ報告に来たのか」を把握することである。そのことで、こちらが何を押さえておきたいのか、部下は何を管理監督者に求めているのかを考えることができる。

第二に、「しっかり聴く」ことである。他の仕事をしながらや、途中で聴いている方から話の腰を折るような行動をとるのは慎まなければならない。忙しければ、状況を話して、いつ報告を受けるか決めればよい。向き合って報告は受けるものである。

第三に、「理解したポイントを投げかえす」ことである。部下の側から上司の理解度を確かめることは難しい。逆に上司の方から受け取った内容を示すことである。そうすれば「これはどうなっているの」、「こう考えていたけど、それは」などといった指摘に自然につながる。最初から指摘してやろうなどと考えないことである。

最後に「評価する」ことである。仕事であるとはいえ、部下からの働きかけは有り難いものである。目標の達成なり、指示したものをまとめて上げてきた場合などでは、しっかり褒めることが大切である。差し戻す内容の場合でも、その内容に対する評価と次からの指示は明確にした上で「御苦労さん」の一言は忘れないようにする。

日常の接触

当然職場では仕事の話が中心であるにしても、朝晩のあいさつや、仕事の合間での雑談も欠かせない。人に好き嫌いはあるにしても、複

数の部下がいる場合は、管理監督者として特定の個人と仲がよく、他の人は疎外されていると受け取られないよう、バランスにも配慮しなければならない。また、昔のように時間外の付き合いも当然であるという時代ではなくなってきている。しかし、いまだ上司風を吹かせたり、酒の場だというのでルーズになる傾向もある。いずれにせよ、上下関係から仕方なく付き合っているということにならないようにするべきであるし、時間外に仕事の話を持ち出すのも避けるべきである。

　管理監督者として特別の行動をとるという必要はないが、自然に振る舞いつつ、ちょっとした部下への気配りを忘れないことが大切なのである。そのことが、何かあったとき、困ったときに、躊躇（ちゅうちょ）なく相談できる素地になっていく。

カウンセリング

　自発的に相談に来る個人に対し、様々な悩みに応じて必要な指導助言を行う活動のこと。学校における進路相談や実生活上の法律相談のみならず、臨床心理学の素養をもつ専門家（カウンセラー）が行う心理療法としても活用されている。当初、アメリカで相談による職業指導として広まったが、ロジャーズが非指示型のカウンセリングを提唱し広まった。彼によれば、①カウンセラーが自然に自分のそのままを保つ「自己一致」、②相談者をそのまま受け入れる「無条件の肯定的な関心」、③同情ではなく知的・客観的な理解に立った「共感理解」があって初めてカウンセリングの関係が成立する。このような態度を持って、問題となっている悩みは、些細なことでも、その背景も含め様々な原因が裏にあることを理解し、表面上の対処に走らず相談に乗っていく姿勢を「カウンセリングマインド」と呼ぶ（カウンセリングマインドは和製英語）。

　職場でも、メンタルヘルスの維持を目的に相談室が設けられるなど組織としてのカウンセリングの動きもでてくる一方、管理監督者の部下への対応の姿勢についても、カウンセリングマインドが求められるとの議論も出てきている。

> 相談に当たって、話の腰を折ったり、聞く側の考えを押しつけたり、短絡的に解決策を提示しても逆効果になることはよく経験するところであるが、カウンセリングでは、まず悩みを聞いてもらうことで心理的ストレスを軽減し、自らの問題状況を話すなかで見つめる姿勢を持たせることで、自発的に解決できる力を与える効果があるとされている。人間の自己回復力を信じた取組といえよう。

♣上司との対話

　管理監督者として、上司とのコミュニケーションは、自分が部下に対するものの裏返しである。その意味で「やってもらいたいことを、こちらからする」気持ちがあればよい。付け加えるなら、部下の側からの期待に、管理監督者は、上司や関係部局との普段のコミュニケーションからある程度の読みができていることがある。これは普通、上司や関係部局に対して、非公式にでも自分のチームの状況や仕事上の問題意識を伝えることから得られるものである。

信頼される

　上司との関係で最も重要なのは、お互いの信頼関係である。管理監督者になって上司から期待されるのは、自分のチームをまとめていく力である。自分ができることを示すのは、部下たちができることを示すことに通じるのであり、間違っても、管理監督者になったからこそ自分の能力の高さを示さなければならないと考えてはいけない。背伸びをするだけ、何事にも時間がかかり、部下にも負担をかけかねない。
　普段の上司への報告・相談そして雑談も含めて、「彼・彼女のところは、こういう状況なのだな」、そしてしばらくすると「例の報告が上がってきたな」と思ってもらえるようにすることである。信頼の基礎は読まれることである。先が読めるからこそ任せられるのである。

第2節　周囲とのコミュニケーション

♣関係部局との対話

　関係部局とのコミュニケーションの第一は、「調整・交渉」である。しかし、その前に普段からの情報収集、情報発信の対象として関係部局は大事な存在である。

相互協力の関係構築

　「普段から付き合いがないのに、困ったからといって助けてくださいとは虫がよ過ぎる」と考えがちなものである。もちろん同じ組織の一員であり、仕事上のことだからと、話には乗ってくれ、一定の協力は得られるかもしれない。しかし、これでは迷惑をかけられたとの印象を残しかねない。

　関係部局と調整や交渉に入る前に、影響がありそうだなということは把握できているはずである。早めの段階で状況を話しておけば、後での調整・交渉が楽になる。「関係がないところに言う必要はない」とするのは勝手だが「影響がありそうなところには、言っておこう」を抑えてはいけない。

　打てば響くものである。こちらから相談に行けば、関連するあちらの状況や考え・動きなども入ってくる。「そんなこともあるのか」という発見もあるはずである。逆に自分のところも、関係部局からの相談に積極的に応えるようにする。

調整・交渉のポイント

　関係部局といっても、同じ部内と管理部局では異なるし、広くとれば国など他の組織の担当部局も入る場合もあるだろう。調整・交渉（以下調整という）は、自分たちの動こうとする方向に対して足並みをそろえてくれるよう求めることである。例えば、ある事業を進める

のに予算担当に資金の手当てを求めることがこれに相当する。したがって、調整はまず関係部局に働きかける際に、自分たちの動こうとする方向をしっかり持って、なぜ調整に来たかをはっきり示すことから始まる。

行政機関では、しっかりした状況認識と理由付けを求められる。これを押さえるのが、調整の第一のポイントである。「なぜそうしたいのか」「なぜそうすべきなのか」ということが、自信を持って合理的に示せることが大事なのである。関係部局にもそれぞれ上司がいて、説明をしなければならないからである。

第二のポイントは、「意図とメリットを明確にする」ことである。立場により、責任を持つ視点は異なる。異なる視点を持つからこそ調整が必要なわけで、まず自分たちの視点に立った必要性とメリットを明確にすることである。

第三のポイントは、「時間切れに持ち込まない」ことである。関係部局と真剣な調整ができるためには、相手に計画性を持って調整に当たっていることを示さなければならない。突然「明日までに意見をください」と言われても困らせるだけである。

「念のため状況を知らせておきます」というところは別として、調整が必要と判断したところには、しっかりとした調整をするという姿勢で臨まなければならない。それが礼儀であり、しっかりした対応が得られる道である。

第3節　職場環境への配慮

　管理監督者としては、部下との1対1の関係だけでなく、部下同士の人間関係ひいてはチーム全体の人間関係に配慮しなければならない。

♣職場風土

　異動をした当初に感じる違和感は、それぞれの職場風土によるものであることが多い。職場ではスリッパに履き替えている、部内の会議でも上着を着用する、などといった外形上見えるものから、暗黙の約束で外形上は見えないものまである。一般に、その集団に帰属する以上、そこでの暗黙の規律や共通の態度といった職場風土に構成員を従わせようとする力が働く。その裏返しとして、職場風土になじめない相手に、極端な場合には「いじめ」も起こり得る。

　一般に、行政組織のような大きな職場では、特異な職場風土が一部だけで形成されることはない。しかしながら、一般の住民からみれば不可解な規律や態度を部内とはいえ無反省に続けていくことは許されなくなっている。特に窓口業務を抱えるところで取り組まれているであろうが、組織風土として誇れるものとするため、それぞれの管理監督者が自分の職場風土を常にチェックする必要がある。

　また、注意しなければならないのは、いじめである。あからさまな形で出ることはないが、陰湿な形で続くことがある。相談に乗ることで対応は始まるのであろうが、「そんな問題が起こるはずがない」ましてや「起こっては困る」という姿勢では、いつまでも解決しない。セクハラ防止の問題にもみられるように、管理監督者がしっかり受け止めて対応する必要がある。

♣インフォーマルグループ

複数の人間が集まれば、人間関係の濃淡が生じ、「私的なグループ」（インフォーマルグループ）が形成される傾向がある。一方、職場では職位に応じてフォーマルな指揮命令関係がある。この両者をしっかり押さえて管理監督者はチームの運営に当たらなければならない。

インフォーマルグループの形成を阻止すべきと考える必要はない。ただ、グループ間の対立的な感情や、グループに入れない孤立感などが、仕事の遂行に影響が出ることがないよう注視しなければならない。

♣自由な雰囲気を作る

労働は今や「アメとムチ」ではなく「自己実現」の場ともいわれる時代である。効率的に仕事を進めていくことは、活発に楽しくにぎやかに仕事を進めていくことと両立させることが求められてきている。職場風土やインフォーマルグループについての理解に立った上で、管理監督者としては、積極的に職場環境に働きかけていく必要がある。そのためには、まず管理監督者自身が以下のようなことを身をもって実行することである。

①日ごろから、部下に対して心を開いて素直に発言する
②意見は戦わしても、感情的なしこりが残らないよう配慮する
③仕事上でも、部下の自主性を広げる努力をする

などして、活発にコミュニケーションができる職場環境を形成する努力をする。

♣相互尊重

自由に意見を述べ合える環境は、勝手に意見を言い合う環境とは違う。相手が聴いてくれ、考えてくれるから意見を戦わせる意味がある。

そこには「相互に尊重し合う」というルールが存在する。

　管理監督者はこのルールを徹底させなければならない。「自由に」という言葉につられて陥りやすい危険は、相手の時間を考えずに、自らの意見をとうとうと述べることである。必要もなく全員を集めた会議しかり、説得のため同じことを繰り返す方法しかり、部下は管理監督者に対して我慢をするため、従っているように見えるが、内実はそうではない。特に管理監督者が、自らに対するこのルールの適用を心すべきである。

メンタルヘルス

　過労死やストレス障害、時に「何とかシンドローム」とも名付けられるように、様々な精神的負荷が引き起こす問題が注目されてきている。「ワークホリック」ともいわれるように、何がしかの徴候はあったのであろうが、当然のごとく仕事に邁進した結果として、突然「過労死」や「出勤拒否」などといった事態に陥る危険がある。管理監督者としては、自分を含めたチームの仕事の状況を把握するなかで、各自の精神的な負担についても気を配ることが求められている。

　特に、熟練者ほど従来の職場環境の変化についていくための精神的な負荷は大きく、立場上の意識もあって表面に出しにくいことも踏まえ、特に配慮することが必要である。個人的に相談に来たときは、カウンセリングの基本を踏まえて真剣に話を聴くようにしなければならない。

　また、メンタルヘルスの維持のためには、職場文化もストレスをためこまないような環境にするよう心がける必要がある。例えば、仕事の動機付けをしっかり行うこと、互いに残業にならないよう仕事を管理すること、休暇をとって自分の時間を持てるよう配慮すること、仕事ができると思われる人に過剰な負担とならないようにすることなど、「自らも含めて」明るい職場文化の形成に努める必要がある。これは、単に部下の健康管理の観点からだけでなく、より創造的で自律的な取組が仕事でも求められるようになるなかで、管理監督者として自らのチームの活性化のためにも不可欠な取組と考えるべきことであろう。

第6章　コミュニケーション

> **セクシャルハラスメント**
>
> 　「他の者を不快にさせる性的な言動」をセクシャルハラスメントというが、不快感は受け手の主観によるものであることから、自分はこう思うからというのではなく、相手はどう感じるだろうかという想像力・感性を高めておかないと、気づかないうちにセクシャルハラスメントをしているということになりかねない。
> 　身体への不必要な接触や暴行といった明白なものから、視線や発言を捉えての不快感、さらには性別に基づく役割分担を当然とする意識に基づく言動も対象になることを踏まえておく必要がある。また、「環境型セクシャルハラスメント」と呼ばれる、ヌードポスター、スクリーンセーバーなどを許す職場環境もセクシャルハラスメントとなる。
> 　職場では、管理責任も問われる問題となることから、日頃から管理監督者は職場環境に気を配るとともに、何か問題が生じたときには適切な対応が求められる。そのためには、セクシャルハラスメントの防止は職場環境維持のための重要な要素として認識し、個人的な問題として片付けようとしたり、不快感を訴える側を非難したりするような対応は厳に慎まなければならない。また、仮に問題が生じた場合には、事勿れ主義に走ることなく、迅速かつ適切な対応を、上司や関係部門とも連絡を密に取りつつ講じていかなければならない。
> 　法律で規定されたから守らなければならないセクシャルハラスメントと捉えることではなく、「基本的人権の尊重」といった、相互の人格を尊重する職場文化が社会的にも求められているという時代認識を持って当たる必要がある。
>
> 「改正男女雇用機会均等法」平成11年4月1日施行
> 「人事院規則10-10（セクシャルハラスメントの防止等）」平成11年4月1日施行

第7章　部下の育成と指導

「組織は人なり」といわれるように、組織にとって人材の育成は最重要課題の一つである。そのなかでも大きな比重を占めるのが、管理監督者が行う部下の育成である。自らの重要な職務として部下の育成に取り組む必要がある。

∽ 組織としての取組 ∽

♣何のための人材育成か

　組織にとって、その構成員の育成を進めることは、組織目標の達成をよりよく実現していくための取組である。人材育成は、短期で効果がみえにくく、長期間の取組で成果が大きく発揮されるものである。人材育成の目的も、これに応じて「現在就いている職務の遂行能力の向上」と、「将来就くことが予想される職務に関連した能力の向上」の二つがある。一般にこれらを目的とする人材育成ないしは能力開発は「研修」と呼ばれる。

　人材育成を考えるとき、基本となるべき管理監督者の考え方は、「自分のチームの仕事の達成の度合いは、いかに仕事をチームとして協力して進めるかということ（マネージメントの問題）のみならず、それを進める部下の能力の発揮に依存する」ことである。有効かつ自発的な能力の発揮は、リーダーシップによるところが大であるが、同時に発揮すべき能力の開発も重要な課題となる。

仕事の成果＝f（g（部下の能力））
　　　f：マネージメントに依存する関数、g：リーダーシップに依存する関数

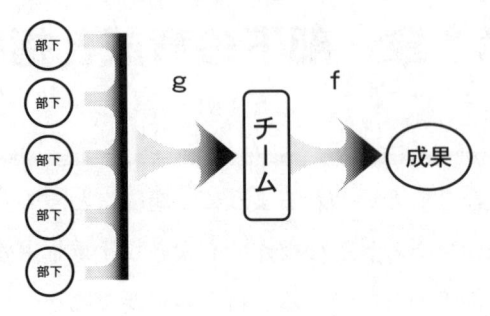

　また、能力を考えるとき、知識・技能など習得させるものがある程度みえているものを身につけることを目指すものと、創造力・問題解決能力のように状況に応じ、発揮できる潜在力の開発を目指すものがある。従来、前者が研修における主なターゲットであったが、第１部でも述べたように変化の激しい時代への対応を必要とする状況下では、後者に焦点が当てられるようになってきている。

♣採用から始まる部下の育成

　本章の冒頭でも述べたように、組織にとって人材育成は重要な課題である。ほとんどの自治体にも研修担当があって、能力開発に努めている。しかしながら、人材育成は研修に限られるものではない。

　人材育成は、「どんな人を採用するか」という入り口から始まる。行政機関では一般に試験が課せられ、能力の検証がされた上で、採用につながる。最近では、人物重視がいわれるように、学校で身につけた知識だけでなく、人物について光が当てられるようになってきている。そこでのキーワードとして「多様な人材」「創造性豊かな人材」「活力ある人材」など、能力としては潜在的な面を挙げるものが多い。

　これを現実の採用の場で考えると、どう具体化するかは難しい問題である。限られた時間でみれる範囲や深さは当然限られるわけで、そ

のなかでの判断となる。しかしながら、その組織として「どんな人材を求めているのか」を明確に外にも、部内にも明らかにすることが必要な第一歩である。組織全体としてのメッセージ形成は、トップを中心として採用担当である人事部門が責任を持つことになるが、管理監督者としては、このメッセージをしっかり受け止めることが必要である。

　採用されれば、どこかの部署に配置され、実際の仕事に就くことになる。「適材適所」という言葉があるように、就く人の能力・適性と、就く仕事のマッチングが重要となる。後述するＯＪＴが中心になって人材育成が進められるなかでは、能力の伸長を促す計画的な適材適所の配置が重要であり、これは「キャリア・ディベロップメント」という形で捉えられる。これは人事当局が調整していく話であるが、管理監督者の側からも、自らのチームの仕事に責任を持つ以上、その仕事に必要な能力・適性を明確にしておく必要がある。課長クラスなら直接人事担当とも話し合うことになるし、係長などでも自分の上司に適時発信していかなければならない。この積み重ねが、組織が求める具体的な人材像に反映され、スローガンとしての人材像の肉付きを豊かなものにしていき、地に足のついた人材育成のための大切な要素となるのである。

　一方、自らのチームの仕事に求められる能力・適性を上に訴えることは跳ね返って、部下に何を求めているかのメッセージ形成にもつながる。自らのチームに求められる能力・適性について真剣に考えることは、チームにおける人材育成の目標を明確にすることにつながり、管理監督者が部下の育成を進める上での出発点となる。

♣人材育成の方法

　ただ仕事に就けて、そのなかで育っていくことを待っていたのでは、

能力開発を個人の努力に委ねることになり、多くは望めない。そこで組織的な取組が必要となってくる。

一般に人材育成の方法には次の三つがあるといわれている。

①ＯＪＴ(On-the-job Training)

　　職場において仕事をしながら、仕事を進めるなかで、上司や先輩などが指導をして能力の開発を図るものである。日本では「大部屋主義」といわれるように、経験ある先輩と一緒に働く機会が多く、ＯＪＴが一般に人材育成の主流となっている。

②Off-ＪＴ(Off-the-job Training)

　　職員が就いている仕事を離れて、職務の一環として行われる研修で、「職場外研修」ともいわれる。典型的なものとして、「階層別研修」（新採用職員研修、係長研修等）や「専門研修」（会計事務研修、ＯＡ研修等）などがある。

③自己啓発支援

　　最後に、自己啓発支援と呼ばれる職員の自己啓発を組織として支援する取組がある。具体的には、語学学校通学に対しての学費の援助、通信教育等外部で教育を受ける機会の付与、職場内勉強会への支援などがある。

♣中心は自己啓発

これら三者の中心に立つのが「自己啓発」である。自己啓発はもとより、ＯＪＴにせよOff-ＪＴにせよ、職員自らが学びたい、自己を成長させたいという意欲を持って初めて効果が上がる。我が身を振り返っても、「勉強しなさい」と口やかましく言われれば言われるほど、勉強をする意欲をそがれるのが普通であろう。「＊＊になりたい」とか、勉強の面白さを見いだしたとか、自分なりの意欲が生まれなければ勉強にも身が入らない。仕方なくする勉強では、効果が期待できな

い。だからといって、自己啓発の意欲が生まれるのを自然に待っているのでは効率が悪い。押しつけではなく、機会を与えることで、自己啓発に前向きに取り組む職員を増やすことは、組織として大切なことなのである。実際、手を出すまではおっくうだと思っていたものが、ある程度勉強して分かってくると、面白みがみえてきて更にやろうとするようになることも多い。

　中心となる自己啓発の意欲を、これら三つの人材育成の方策によって更に引き出せるようにすることが望まれる。このことを踏まえて、管理監督者は、部下の理解に立って、ＯＪＴにせよ、研修への派遣にせよ行っていく必要がある。

♣組織との共同歩調

　管理監督者が自ら行う人材育成の取組みの中心は、ＯＪＴであるが、Off-ＪＴや自己啓発支援などの、組織としての研修についても、ひとごととか、外からの要請として受け取るようではいけない。「今我々のところは忙しくて、とても研修には出せないよ」というのは、ごく普通に聞かれる反応であり、ＯＪＴにしても「一緒にやっていれば十分で、自分も先輩の背中を見ながら成長したものだ」として、表立って取り組むことも避ける傾向がある。しかしながら、管理監督者として部下の育成・指導に忙しいなかでも心を砕いている姿勢をみせることは欠かせない。

　さきに管理監督者の役割として、組織目標を自らのチームの目標につなげて部下を率いるということを挙げたが、正に、人材育成もこの組織目標の一つなのである。人事の異動を単なる人取り合戦と考えては、組織の人材配置が歪むのと反対に、適材適所を求めることは個別のチームと組織全体との調和を求めることになる。組織が求める人材の育成を、いかに自らのチームの人材育成への取組につなげるかが、

管理監督者の重要な課題なのである。もっとも、どんな人事異動にも不満の種は尽きないように、人材育成においてもだれでも納得する唯一の答えがある訳ではない。それゆえに、管理監督者が人材育成の目標を組織と共有している姿勢を身をもって示し、メンバーの成長を大事に考えるチームとすることで、やる気も出るものである。「あの人は暇だから研修にでも出してやろう」というのは、人材育成を軽視しているシグナルとも受け取られ、逆効果となる危険がある。チームのため、ひいては部下のため、よく考えて取り組まなければならない。

♣OJTへの取組

さきにOJTが研修の主流であると述べたように、管理監督者が主体的に日々の仕事を通して行う人材育成への取組がOJTである。

OJTは管理監督者の職務である

繰り返しになるが、組織目標の一つである人材育成(実際にはもっと具体的にどんな人材を育てるかという形になっているべきものである)を受けた管理監督者の取組がOJTなのである。したがって、部下の育成は管理監督者の職務の一つなのである。組織目標を持ち出すまでもなく、仕事の成果をより効率的に上げていくためにも、当然部下の職務遂行能力を上げることは重要なことであり、余分な仕事ではなく、本来の仕事として取り組まなければならない。

♣機会を捉える

実際のOJTを考えるとき、どんな仕事をしているのか、部下の現状はどうなのか、意欲はどうなのかなど、様々な要素を踏まえて、指導を進めていくこととなる。したがって、OJTへの取組として、何か画一的なものを期待してはいけない。だからこそ、各々の管理監督

者が各々の部下に対して計画的に取り組むことが求められている。ＯＪＴを行う機会は、管理監督者が部下と接する機会（指示・命令を与えるとき、報告を受けるとき等）を捉えて行われる。部下の意欲を考えるとき、ＯＪＴの効果が高くなる機会には次のようなものがある。

①新たな仕事に取り組んで、どうするか考えているとき
②問題に取り組んでいて、悩んでいるとき
③自分の能力を伸ばしたいと考えているとき

これらは、自分から進んで何かをしようとしているときであり、受容度が高くなっている状態に相当する。また、管理監督者の方からも、折衝や交渉の場に同行させたり、勉強会を催すなど機会を作っていくことも大切である。このような側面に着目してＯＪＴは「機会教育」とも呼ばれる。

♣ＯＪＴの方法

仕事の内容により、具体的な指導の仕方は異なってくるが、一般に次のような方法を適宜とりながらＯＪＴは進められる。

①言って聞かせる

　　知識・技術などを直接説明して聞かせることである。学校教育での講義に相当し、短時間に多くの内容を伝えることができるが、受け取る側は受動的になってしまい、伝えられた内容をどれだけ消化吸収できるかが問題となる。また、付随的な利点として、教える側も勉強になるという効果がある。

②やってみせる

　　実際の仕事の仕方をみせることで、見習わせ気づかせるものである。技術的な面ならば、機器の模範的な扱い方をやってみせたりすることになろうし、事務的な面でも、折衝や交渉の場に同行させて、自分のやり方をみせたりすることなどが考えられる。よ

く職人の世界で「仕事は盗め」といわれるが、自ら問題意識を持って見つめることができれば、単に教える以上の効果が期待される。

③やらせてみる

　ある程度仕事が自分で進められる状況になれば、任せて1人でやらせてみることで、遂行能力の向上を図ることができる。最初は何か行き詰まれば指導したり、支援できるようにみていなければならないが、徐々に1人で責任を持って進めさせるようにする。教わったこと、やってみせてもらったことを、自分なりに理解して実地に試してみることで、気づかなかった問題や障害にぶつかりながら工夫を重ね、身につけていく過程に相当する。1人立ちするためには、通り抜けなければならない関門ともいえよう。

④考えさせる

　「なぜこれをやっているのか考えたか」と上司や先輩から問いかけられたことがあるであろう。上司の命令だから、前からやっていることだからやるという姿勢では、部下自身の能力も意欲も高くはならない。管理監督者は、機会を捉えてさきに挙げたような質問をしたり、議論を持ちかけて、部下が自ら深く考える機会を与えるようにする。このようにして、特定の仕事のやり方について熟練するだけでなく、新しい状況へ柔軟に対応できる素地を与えるよう努めることが大切である。

⑤自己啓発意欲を高める

　研修の効果は自己啓発への意欲があって初めて高まるものである。仕事を面白く感じること、もっとうまく仕事を進めたいと思わせること、そして自らの能力・知識を高めなくてはと思うようになることがOJTにおいても重要である。そのためには、できなかったことができたり、一仕事仕上げたときなどに、評価して

褒めることが大切となる。上司に温かくかつ厳しくみられていると感じることで、仕事へ向かう意欲は高まるものである。また、いつもいつも上司や先輩が、仕事のすべてを一から教え指導していくことはできない。あるところからは自ら進んで仕事を覚え、上達していくことが必要となる。そのためにも、自己啓発意欲を高めることは重要なのである。

♣計画的に進める

　以上のようなＯＪＴの方法を効果的に組み合わせて、部下の能力・資質、そして仕事の内容に合わせてＯＪＴを進めていくことになる。ＯＪＴについても「管理の過程」（第4章第2節参照）と同様、しっかりした手順を意識して進めることで、場当たりにならずより効果的に行うことができる。具体的には、以下のような手順を頭に入れて進めていく。

①目標設定
　　部下の能力・資質の把握
　　いつまでに何についてどの程度まで求めるか（具体的に）
②指導計画策定
　　どのような方法を使って、どんな手順で進めていくか
③実施
　　機会を捉えて、指導計画を実地に移していく
④評価
　　部下の能力・資質の再評価
　　目標に照らした指導結果の達成度評価、指導方法の評価
　　次のＯＪＴの目標へのフィードバック

　最初にＯＪＴの目標設定を行うことになるが、管理監督者は自らのチームの仕事の遂行上求められるチーム全体としての能力を全体とし

て把握し、個々の部下の能力・資質の現在のレベルを捉えて、OJTの目標を設定する。部下の分担する仕事の内容・難度に合わせてどのようなことを求めるのか、単に管理監督者だけが考えるのではなく、部下にも考えさせ、目標を共有するようにする。OJTでは、個別的な目標設定を行うことから、部下の参加による目標の共有化は強い動機付けにつながる重要な要素である。なお、目標はなるべく具体的なものとし、達成度が自他共に評価しやすいものにしておくことも大切である。

　次に指導計画を策定する。さきに挙げたいくつかのOJTの方法は、部下の習熟度・能力に応じ、最初は「言って聞かせる」ことや「やってみせる」ことの比重が高くならざるを得ないが、ある程度レベルが上がれば「やらせてみる」ようにするのが一般的である。分かっていると思っているのに、細かく言って聞かせたりすれば、信頼されていないと感じるなど逆効果にもなりかねない。逆にまだ1人立ちが危ないときに「やらせてみ」てうまくいかなかったりすると、自信を無くし意欲も失いかねない。このように、部下のレベルや状況に合わせて適切なOJTの方法を考えることが大切である。また、仕事の重要度・緊急度に応じ、目標に優先順位をつけOJTの計画を立てることも重要となる。

　OJTの実施については、「機会を捉える」(p.196参照)で述べたところであるが、「管理の過程」で議論したように実施した効果をみながらやり方を調整するなど、柔軟に行っていく必要がある。

　最後に、OJTはやりっぱなしでなく、評価をしなければならない。目標設定から部下の参加を求めていった場合は、特に節目節目で部下の能力・資質の向上を評価して、まずは「よくやった」と褒め、足らないところは「もっと頑張ろう」という気持ちにさせることが大切である。具体的に立てた指導計画の達成状況も冷静に判断して、部下と共に何が足らなかったか反省し、より力を入れるべきところを明らか

にする。これが、次の目標設定へとつながっていく。

なお、ＯＪＴへの取組が組織全体のものとなるためには、ＯＪＴ計画をペーパーにしたり、日々の実施をＯＪＴメモとでもいう形で残し、評価も記述するなど、一定の形式的な手順を明確にすることで、管理監督者が代わっても、あるいは部下が異動してきても、引き継がれるようにして、ＯＪＴが継続的に行われるような配慮が必要となる。

ＯＪＴの推進のために

ＯＪＴが主流であるといいながら、上で述べたように計画的にＯＪＴが進められているところはまだ多いとはいえない。また、ＯＪＴ計画に則（のっと）って進めているところでも、表面的で格一的な面談で済ませているところも多い。人を育てること、それへの貢献が、管理監督者に対する評価として、漠然としてはあるものの、明確に行われていないことにその理由の一端がある。

最近の動きの一つとして、「業績評価」が話題となっている。民間では、利益という客観的な物差しがあるため、その動きが速いが、自治体においても、プロジェクトに対して、そしてひいては個々の組織単位、個人まで評価の動きが徐々にではあるが出てきている。まだ定着したものではないが、組織として人材育成を重要課題として取り組むならば、この評価にもブレークダウンして導入されることとなるであろう。このような評価だけに限らず、組織のシステムとして人材育成を評価する、推進する仕組みの導入があって初めて全組織的にＯＪＴ、ひいては人材育成が進むようになる。同様な取組の必要性は、目標管理と呼ばれるマネージメント手法についてもいわれるように、抽象的に良いことだから頑張ろうでは動かないのが組織の現実なのである。とはいえ、与えられた環境のなかであるにせよ、管理監督者は、自らのため、そしてチームのためにＯＪＴに頑張ろう。

第 3 部

意識改革への取組

第8章　自己啓発

∞　第1節　生涯自己啓発　∞

♣これまでもこれからも

　人材育成で議論した自己啓発は、単に部下に求めるものではない。管理監督者自身の問題として捉える必要がある。今の職責を負うようになるまで、「ＯＪＴ」や「Off-ＪＴ」（第7章参照）も受け、自らの能力・知識を高める努力を積み重ねてきたはずである。管理監督者になるためには、自分なりの自己開発を進めてきたわけである。この取組は、管理監督者になったからといって終わりになるものではない。変化する環境のなかで、次々と取り組むべき課題をこなしていくためにも、将来就き得る他の職務をしっかり遂行するためにも、更なる自己啓発の努力が必要となってくる。

　より上位の役職に就くほど、責任も負い、同時に自ら判断して進めるべき事項も幅広くなってくる。そのなかでいかに自らの自己啓発の目標を立て、取り組んでいくかも、上に行けば行くほど自己責任で進めていかざるを得ない。「忙しい」ことを理由にして、自己啓発を怠っていると、気がつけば頼れるのは自らの過去の経験になってしまいかねない。ヘッドシップに頼らず管理監督者として部下を率いるためにも「これからも」これまで以上に、自己啓発は欠かせないのである。

♣精神的若さの保持

　記憶力は若いときにピークを迎えるが、思考力は鍛えていれば歳をとっても維持・向上するという。自由な発想や創造力は若いときの特技とはいえない。経験を得ることで、様々なしがらみをよく知り、逆に身動きできなくなっているだけなのである。責任を持つことによりリスクを冒すことに慎重にならざるを得ないということもあろう。しかしながらである。多様な人材を得て、良い発想や創造力豊かな考えを認めて、それを実際に実現に結びつけていく役割は、管理監督者が担っているのである。より状況を知っていながら、新しいことに挑戦する姿勢を保持することが求められている。立ち止まっていて、警告を発するだけで、変化の時代の行政を担う管理監督者の役割は発揮しきれたとはいえない。はじめから「もう自分は若くないから」とあきらめずに、若い者に伍してやっていくだけの気概を持ち、むしろ尻をたたくくらいの積極性が必要となる。人生が長くなり、在職期間が延びるなかで、良く老いることを考えよう。

自己啓発の方法

　組織が環境の変化に対応していくためには、その組織を支える人が環境の変化に対応できる素地を身につけていなければならない。自らのための自己啓発というだけでなく、管理監督者として、また組織のリーダーとして自己啓発が求められる所以(ゆえん)である。

　自己啓発の方法としては、進んで外部の情報や考え・動きに触れていくことが重要であり、次のようなものが考えられる。

①読書

　　手軽にできる自己啓発法であり、少ない投資で忙しいなかでも暇を見つけて行える。仕事に直接関連することに関してだけでなく、幅広い話題について啓発を進める端緒として活用するとよい。

②セミナーなど講習会
　テーマについての知識を得るだけでなく、参加している人との意見交換を通じて様々な考え方や人脈を広げることができる。通信教育なども有効であるが、意見交換といった面では、特定テーマに関するメーリングリストのようなものに参加するなど、コミュニケーションチャンネルを広げるようにするとよい。

③交際
　最初は特定の目的を持たないからこそ、親しい関係が築けることもある。同級生や昔の同僚、その他同好の士の集まりなどといった交際の輪を広げることで、異なった世界で生きている人々との接触から啓発されることは多い。

④経験する
　旅行や遊びなど、実際に足を運んだり、体を動かしたりして経験することで、本などの知識では得られない面の啓発も期待できる。仕事でもそうであるが、仕事以外でも活動的でありたいものである。

⑤自己の能力発揮
　教えることは、最も効果的な学習法であるともいわれるように、単に知識を吸収したり、経験を積むだけでなく、その結果得たものを試したり、吐き出すことも、効果的な自己啓発の方法である。資格試験に挑戦したり、本を執筆したり、研修講師として壇上に立ったりという機会を活用するとよい。

何に自分は関心があるのか、何がやりたいのか、といった目的意識を持つことで、初めて忙しいなかでも自分で時間管理もし方法も工夫して自己啓発が進むものである。生涯学習の必要性がいわれて久しいが、学習は自ら進んで行うものであることに心を致して自己啓発に取り組みたいものである。

第2節　実践につなげる

♣自分で見つけ、実行する

　管理監督者の基本で論じてきたことも、第1部でみてきた新しい流れについても、頭で理解することにとどまっていては何にもならない。一方、それぞれの管理監督者が置かれている状況は、各自治体に応じ、担当業務に応じ、部下に応じ、様々に異なっている。そのなかで、実践につなげていくためには、基本を、また新しい流れを理解したから十分であるとはいえない。基本を頭に置きつつ、明確な意識を持って試行錯誤を行ってこそ、現実に適用できる応用力が身についてくるのである。簡単なこと、基本的なことを実践できること、それがほとんど意識せず自然にできるようになること、そのレベルを通過して、さらにもう一段上のレベルでの取組につながるのである。その意味で、実践の方法を自分なりに見つけ、実行していかなくてはならない。

♣逆境で活きる

　「逆境で活きる」といっても、何も逆境に陥らなければダメだということでなく、陥らないのが望ましいのに決まっている。しかし、逆境になったことで「どうせここまで」と意欲を失っては、逆境にはまったことになる。どの世界でも同じであろうが、特に長年、年功序列の色彩の強い人事が一般的であった行政組織では、同じころに採用になった人たちとの比較で一喜一憂する観がないでもない。殊に、そのような人事自体に変質がもたらされているなかで、過去の延長としての世界を想定して、そのなかでの上下を意識することの意味はどんどん失われつつある。どうせここまでと思ったら、逆境にはまっている証拠である。そもそも上昇志向を感じさせるどうせここまで自体いか

がと思うが、この種の逆境は自ら作り出して、自らはまるところに特徴がある。

　「人間至る処に青山有り」という諺があるが、これだけ変化の激しい時代のなかでは、組織のなかの管理監督者にとっても、当を得たものとなっている。安穏とやっていれば、それまで日の当たる場所だった所もあっという間に、陰りが出てくる時代である。その逆もしかり。ニッチ産業にせよベンチャーにせよ、青山を見つけ出した所に伸びてくる。管理監督者ともなれば、組織全体における自らの位置も、他との関係もみえ、現状の評価（実は過去の評価の蓄積・残像にすぎないにしても）はどうかも分かっている。これに、そのまま自らの状況を当てはめると、さきの自ら作る逆境になってしまう。評価は自分が就き、これから作っていくものである。これまでの評価はわきに置いて、自ら得た地で青山を見つけることが、今、求められている。

∞ 第3節　求められる倫理観 ∞

　古来、「役人」という呼称でその倫理観を揶揄するものが多い。最近では「官僚」も同様な響きを持つようになってきた。誠に残念なことである。このことは逆に、住民から期待されるところが大きいからこその指摘ともいえよう。住民からの発信・声が大きくなり、多様になっていくなかで、永遠の課題である「高き倫理観」について、しっかりとした姿勢を持って取り組む必要がある。特に、管理監督者は現場を率いる立場から、部下に対しても、ひいては住民に対しても、そして組織のなかでも、しっかりした倫理観を持ち、さらに周囲を巻き込んで高めていく姿勢が求められている。

♣プロとしての倫理観

　「ヒポクラテスの誓い」というものがある。医師にとっての倫理を規定した基本の考えである。人命にかかわるゆえということもあるが、プロとしてより知識・技術その他で優位に立ちながら患者へのサービスを提供する状況であるからこそ求められる倫理的な要請である。このことは、行政のプロとしての公務員にも適用されるべき要請でもある。入札や談合等に絡む贈収賄も、行政の持つ立場の強さ、情報の優位性につけ込んだ汚職であり、昔から後を絶たない。これらに対する防止というだけでなく、自らのプロとしての強さを、サービスを提供する住民や地域社会のために役立てる、という積極的な意味付けを持った倫理観が必要である。

♣一住民としての倫理観

　倫理観というより「常識」といった方が適当かもしれない。公務員

自身も住民の1人であることを踏まえ、行政サービスの提供を受ける側の視点に立つことが重要である。政策の立案に当然必要な視点であると同時に、「お役所世界だから」起こったといわれるような不祥事、あるいはその隠ぺいなど、組織内部を向いた対応を是正し、未然に防ぐため大きな役割を果たし得るものである。

♣行政を担うものとしての倫理観

地域社会や、住民への奉仕・サービスが公務員の使命である。行政に権限が与えられる正統性は、そのための信任を受けていること、法や条例を守り進めていくことにある。これまでも、これからも、行政執行の枠である法を守り適正に運用していく責任は最も大きなものである。自らの使命を明確に意識して、職務に当たること－原点に戻ること－が今また改めて求められている。

♣倫理観は作り上げていくもの

明確におかしいことを防止する倫理規定を守ることは当然として、「間違ったことをしない」ではなく「良いことをしよう」という意味での倫理観。言い換えれば使命感は、どこかに書いてあったり、何かに従えばよいというわけではない。具体的な取組は、日々の職務のなかで組織内でも、組織の外、住民や議会、首長などとのやりとりを通して形成されていくものである。管理監督者は、組織を動かす原動力として、意識的にこのような倫理観・使命感の形成を進めていき、部下も引き連れて本来の使命の達成に近づけるよう努力していく必要がある。

第3節　求められる倫理観

♣自分の顔を持つ

マネージャーからリーダーへ

　管理監督者というと、「管理する」「監督する」という面をすぐ連想し、マネージャーやスーパーバイザーとしての役割を強調しがちである。これは、日本語の「管理」が、英語の「manager」より上の立場から取り仕切るという語感が強いためかもしれない。しかしながら、これまでみてきたように、管理監督者が、部下や上司、さらには周囲に働きかけて、自らが責任を持つチームの働きを高めていくためには、単に仕事を管理するマネージャーとしてでなく、部下をひきつけ、モチベーションを高め、自らも主体的・自律的に周囲に働きかけていく姿勢を持つことが重要である。

　確かに、役職・権限が決まっており、法・条例に基づき動くという意味では、公務員個人個人の顔が見えることは少ないかもしれないし、「主体的・自律的に仕事に取り組むべきだ」「創造性を活かそう」といっても、何でもありというのではなく、一定の枠には従わなければならないのが公務の世界である。守らなければならない線はしっかり踏まえ、毅然とした対応ができるという「堅い」面と同時に、前例だ何だといって柔軟に対応できる余地があるところまで杓子定規に当てはめることなく、人としての顔をしっかり持ち、責任を負う覚悟で判断していくという「柔らかな」面が必要である。この「堅さ」と「柔らかさ」という一見相反するような要請を、個人として、そして組織として、バランスをとりながら実現していくことが公務特有の難しさであり、やりがいでもある。そのバランスを律するのが、ここで述べてきたような、個人としての、そして組織としての倫理観なのである。

　従来、どちらかといえば「行政は誤ってはいけない」との要請を過大にとらえ、「堅い」面ばかりの（若しくは「柔らかくない」面に陥

りがちな) 姿勢が目立ったことから、管理監督者が高い倫理観を持って主体的・自律的に組織を動かし、住民に働きかけていくことの重要性により光が当てられるようになっている。「言われたからやりました」ではなく、「必要と考えてやりました」という姿勢が求められている。

　このような倫理観や使命感に立った管理監督者の姿こそ、単なるマネージャーを超えたリーダーといわれるものである。倫理観や使命感は、かくかくしかじかのものであるという形で理解したと思っても、実践を通して体現されない限り意味がないし、身についたことにもならない。できれば「メンター」(師) ともいえる身近に鏡にでもしたいくらいの倫理観・使命感の高い人を得ることが望ましいし、ひいては管理監督者が部下に対して、そのような存在になりたいものである。現実にはメンターを得ることは難しいが、人との接触のなかで相手のなかに小さくともメンターを見いだすことはできるはずである。そのためには、柔軟な感性と、安易に自己防御に走らない規制 (すなわち自己否定も辞さない自己啓発への意欲) が必要となる。分かっていても難しいことであるが、メンターを見いだす喜びがその原動力となるはずである。

　これまでに議論してきたことが、政策形成に携わる課長から広く現場の係長まで、それぞれの立場・職責により異なるものの、実践によりつながる形で倫理観・使命感を体現し、部下にそして周囲にしっかりとしたビジョンの形にして伝える努力を通して、21世紀を担うリーダーの姿を見いだされることを期待したい。

参考文献

　本書で紹介した管理監督者に関連する先人の理論については、以下の原典（といっても日本語訳のあるものに限った）を参考にされたい。全文を読むのは大変であるが、さわりの問題意識があらわれているところだけでも目を通されると、取っ付きにくく見えたり、為にする議論のように思えるものが、自然に受け取れるようになる（英語が強い方は原語で読まれるともっとよい）。図書館などを探されるとよいであろう。

テーラー，F．W．著／上野陽一訳編　　『科学的管理法』（新版）579p　*The principle of scientific management. (1911)*　産業能率短期大学出版部　1969

ファイヨール，アンリ著／山本安次郎訳　　『産業ならびに一般の管理』255p　*Administration industrielle et générale. (1916)*　ダイヤモンド社　1985

フォレット，メアリ・P．著／米田清貴・三戸公訳　　『組織行動の原理　動態的管理』（新装版）439, 6p　*Dynamic administration. (1941)*　未來社　1997

バーナード，C．I．著／山本安次郎・田杉競・飯野春樹訳　　『経営者の役割』（新訳）352p　経営名著シリーズ　2　*The Functions of the Executive. (1938)*　ダイヤモンド社　1968

メイヨー，エルトン著／村本栄一訳　　『産業文明における人間問題　ホーソン実験とその展開』（新訳版）204p　*The human problems of an industrial civilization. (1946)*　日本能率協会　1967

マズロー，A．H．著／小口忠彦訳　　『人間性の心理学　モチベーションとパーソナリティ』（改訂新版）506, 45p　*Motivation and personality. 2nd ed. (1954)*　産業能率大学出版部　1987

ドラッカー，P．F．著／上田惇生訳　『「新訳」現代の経営』上 293p、下 321p　ドラッカー選書 3、4　The practice of management. (1954)　ダイヤモンド社　1996

アージリス，クリス著／伊吹山太郎・中村実訳　『組織とパーソナリティーシステムと個人との葛藤』（新訳）370, 36p　Personality and organization. (1957)　日本能率協会　1970

マグレガー，ダグラス著／高橋達男訳　『企業の人間的側面 統合と自己統制による経営』（新版）285, 10p　The human side of enterprise. (1960)　産業能率大学出版部　1988

リッカート，R．著／三隅二不二訳　『経営の行動科学 新しいマネジメントの探求』343p　New patterns of management. (1961)　ダイヤモンド社　1964

ハーズバーグ，フレデリック著／北野利信訳　『仕事と人間性 動機づけ 衛生理論の新展開』224p　Work and the nature of man. (1961)　東洋経済新報社　1968

サイモン，ハーバート・A．著／松田武彦ほか訳　『経営行動 経営組織における意思決定プロセスの研究』（新版）447p　Administrative behavior. 3rd ed. (1947 /1976)　ダイヤモンド社　1989

ミンツバーグ，ヘンリー著／奥村哲史・須貝栄訳　『マネジャーの仕事』327, 12p　The nature of managerial work. (1980)　白桃書房　1993

センゲ，ピーター・M．著／守部信之ほか訳　『最強組織の法則 新時代のチームワークとは何か』404p　The fifth discipline. (1990)　徳間書店　1995

以　上

杉本　芳輝

著者略歴

昭和55年	東京大学理学部数学科卒、人事院採用
昭和60年	経済企画庁物価局出向
昭和63年	経済協力開発機構（OECD）勤務
平成2年	人事院管理局国際課長補佐
平成5年	人事院給与局給与第三課課長補佐
平成7年	人事院任用局主任試験専門官
平成8年	人事院任用局次席試験専門官
平成10年	人事院管理局研修企画課上席研修企画官

地方自治体における
新時代の管理監督者

平成12年8月30日　初版発行

著　者／杉　本　芳　輝
発行者／星　沢　哲　也

発　行　所
東京法令出版株式会社

112-0002	東京都文京区小石川5丁目17番3号	03(5803)3304
534-0024	大阪市都島区東野田町1丁目17番12号	06(6355)5226
060-0009	札幌市中央区北九条西18丁目36番83号	011(640)5182
980-0012	仙台市青葉区錦町1丁目1番10号	022(216)5871
462-0053	名古屋市北区光音寺町野方1918番地	052(914)2251
730-0813	広島市中区住吉町10番2号	082(241)2966
760-0038	高松市井口町8番地8	087(826)0896
810-0011	福岡市中央区高砂2丁目13番22号	092(533)1588

380-8688　長野市南千歳町1005番地
〔営業〕ＴＥＬ 026(224)5411　ＦＡＸ 026(224)5419
〔編集〕ＴＥＬ 026(224)5412　ＦＡＸ 026(224)5439
http://www.tokyo-horei.co.jp/

Ⓒ　YOSHITERU SUGIMOTO　Printed in Japan, 2000
本書の全部又は一部の複写、複製及び磁気又は光記録媒体への入力等は、著作権法上での例外を除き禁じられています。これらの許諾については、当社までご照会ください。
乱丁本・落丁本はお取り替えいたします。
ISBN4-8090-4011-9